いまさら聞けない疑問に答える
心理学研究法のキホン Q&A100

ニール・J・サルキンド［著］
畑中美穂［訳］

新曜社

100 QUESTIONS (AND ANSWERS) ABOUT RESEARCH METHODS
by Neil J. Salkind

Copyright © 2012 by SAGE Publications, Inc.
This translation is published under cooperation contract between SAGE and Shinyosha.

常に探求心にあふれる素晴らしき友,
ラス・シェーファー・ランダウに捧ぐ

はじめに

　ますますデータの重要性が増しているこの世の中において，専門家だけでなく学生も，研究のプロセス，すなわち，最初に問題を設定し，データの分析・解釈をして最終的にレポートにまとめる過程と，その間に行われる全ての事柄について，理解を深めることがこれまでになく重要となっている。

　本書『心理学研究法のキホンQ&A 100』は，研究を進める中で，研究法に関して誰もが疑問に思うであろう最も重要な質問を整理して取り上げ，回答を示すことを目的としている。

　本書を書いたのに，私自身，長年教育に携わる中で，多くの学生のみならず専門家も，どのようなトピックに焦点を定める必要があるのか，詳しい情報をどこで見つけたらよいのかについて，正しく案内してくれる簡潔な概説や本を必要としていることに気づいたからである。

　本書は，研究法の重要なトピックについて復習を必要としている人や，この領域の完全な初学者で，何が重要な問題なのかについて参照できる資料が必要な人に向けて書かれた小さな本である。『心理学研究法のキホンQ&A 100』について，以前に学んだことを思い出す手がかりや，知識を深めるための情報源として考えていただきたい。本書は，学位取得に向けて総合的な試験の準備をしている大学院生や，手軽な参考書が必要な研究者，関連分野を学びながらも研究法の初級コースを履修していない大学生，それから，研究法のツールを最も効果的に使うにはどうしたらよいかに関心がある全ての人々のための本である。

　本書を使うコツをいくつか…

1. 質問は，以下のように9つに分けられている
   パート1　研究プロセスの理解と研究の開始
   パート2　レビュー（先行研究の概観）とリサーチクエスチョンの設定
   パート3　研究倫理に関する基礎知識
   パート4　研究法　——　専門用語を知り，考え方を知る
   パート5　標本抽出の考え方と問題点
   パート6　記述的方法を用いたデータの表し方
   パート7　検査と測定に関する問題
   パート8　さまざまな研究法の理解
   パート9　推測と有意性に関する問題

2. これらの質問と回答は，それぞれ独立に読むこともでき，各頁では率直な質問と比較的短い回答が記載されている。それぞれの質問に対して非常に長く回答することもできるが，本書の目下の目的は，読者が次の質問やトピックに進む前にある程度の知識を得られるよう，手短に，必要な情報を示すことである。

3. これらの質問と回答は，全てが互いに無関連というわけではなく，大半は補完し合っている。これにより，重要な内容について記述が強化されるとともに，参照したトピックだけでなく関連トピックの検討も確実にできるようになっている。

4. それぞれの質問の最後には，参照事項として，当該質問に関連する他の質問が3つ記載されている。これらは今読んでいる質問と答えを最もよく補完すると私が考える3項目である。もちろん，他にも多くの関連項目はある。

謝　辞

　出版にあたって，最高の編集制作チーム，特に，このアイディアを熱く歓迎し，契約から本書の刊行までお世話になったヴィキ・ナイトさんに感謝している。彼女は，私からの途方もない数の深夜メールに耐え，惜しみなく支援してくれた。副編集者のローレン・ハビブさんにも謝意を表したい。彼女は迅速かつ効率的に仕事を進め，大いに助けてくれた。また，リアン・レチさん（この世で最も優れた原稿整理編集者），制作担当編集のリビー・ラーソンさん，編集助手のカリー・コサイラクさん，マーケティング部長のヘレン・サーモンさんにもお礼を述べたい。

　そして，最高の子どもたち，サラ，ミカ，テッドに。そしてもちろん，ペッパーの後継であるラッキー，根気強く，優しく，勇敢で誠実な友であるルー・Mに，ありがとう。

ニール・J・サルキンド
ローレンス，カンサス
njs@ku.edu

目　次

はじめに　　i
謝　辞　　iii

▶パート1　研究プロセスの理解と研究の開始 ─────────── 1

質問1	研究はなぜ必要なのですか？　また，その利点は何ですか？	2
質問2	一般的に，どのような過程を経て研究トピックが決定されますか？　また，経験豊富な研究者でなければ，興味深いトピックを選定することはできないのですか？	3
質問3	「科学的方法」とは何ですか？　また，それをどのように自分の研究に応用できますか？	4
質問4	利用できる研究モデルにはさまざまな種類がありますが，それらの全体的な概要と相違点について教えてください。	5
質問5	私の目的に最適な研究モデルは何ですか？	7
質問6	基礎研究と応用研究との違いは何ですか？	9
質問7	質的研究とは何ですか？　いくつかの例を教えて下さい。	10
質問8	仮説とは何ですか？　また，それらは科学的方法にどのように組み込まれているのですか？	11
質問9	良い研究仮説とはどのようなものですか？	12
質問10	良い研究であることを確認する1つの基準として，その研究が公刊されている学術雑誌の評価を調べることがありますが，それ以外に，何か見るべき事柄がありますか？	13
質問11	新聞や専門的な雑誌，そして指導教員からも，さまざまな研究について見聞きする機会が多々あります。私は何を信じればよいですか？　また，研究結果が有用かどうかについて，どのように判断すればよいですか？	14
質問12	インターネット上で情報を見つけるための最も良い方法にはどのようなものがありますか？　また，最も良い場所はどこですか？	16
質問13	ソーシャル・メディアは，研究者と消費者という両方の立場で利用するにあたり，どのように役立つのですか？	17

▶パート2　レビュー（先行研究の概観）とリサーチクエスチョンの設定 ─── 19

質問14	文献のレビューとは何ですか？　また，それはなぜ重要なのですか？	20
質問15	文献レビューは，私が設定するリサーチクエスチョンや仮説に，どのような影響を与えますか？	21
質問16	文献レビューがいつ完了したのか，どうすれば分かりますか？　切りがないのではありませんか？	22

質問17	3つの主要な情報源とは何ですか？　また，それぞれは，文献レビューの作成においてどのような役割を果たしますか？	24
質問18	文献レビューを執筆する際には，どのように進めるべきですか？	25
質問19	利用可能な最も良い電子資料には，どのようなものがありますか？　また，それらの使い方はどうすれば分かりますか？	27

▶パート3　研究倫理に関する基礎知識 ——— 29

質問20	倫理にかなった研究を実施するための原則として，一般的かつ重要なことは何ですか？	30
質問21	インフォームド・コンセントとは何ですか？　また，どのようなものから構成されていますか？	31
質問22	子どもや特別な母集団を対象とする際に，特に注意を払うべき倫理的問題にはどのようなものがありますか？　また，親や法定後見人に知らせるべきことは，どのようなことですか？	33
質問23	最も深刻な倫理的問題の実例として，どのようなものがありますか？	35
質問24	研究倫理委員会（IRB）とは何ですか？　また，それはどのように機能しますか？	37
質問25	研究倫理委員会の審査申請書の中で，重要な要素は何ですか？	38

▶パート4　研究法 —— 専門用語を知り，考え方を知る ——— 39

質問26	ここに取り上げられている研究法に関する質問と答えは，一体，どのように私に関係するのですか？	40
質問27	研究したいアイディアが非常に多くあります。どれが最も良いかをどのように決定すればよいですか？	42
質問28	研究活動を始める際に，1つの小さく限定されたトピックに焦点を当てるのがよいですか？　それとも，望みを高くして幅広い一般的なものに目を向ける方がよいですか？　また，図書館が研究活動を始めるためにすばらしい場所であることは知っていますが，実際にキャンパスの施設に足を運ばなければいけませんか？　あるいは，オンラインで遠隔アクセスをするのでもよいですか？	44
質問29	帰無仮説とは何ですか？　また，なぜそれが重要なのですか？	46
質問30	研究仮説とは何ですか？　また，どんな種類がありますか？	47
質問31	帰無仮説と研究仮説は，どのような点が類似しており，どのような点が異なるのですか？	48
質問32	どのようにしたら良い研究仮説を作ることができますか？	49
質問33	研究法の「至適基準」とは何ですか？	50
質問34	どの方法がどのタイプの問いに適しているか，分かりやすく説明してもらえますか？	51
質問35	変数の種類にはどのようなものがありますか？　また，それらは何に用いられますか？	53

質問36	独立変数とは何ですか？　また，それは，研究の過程においてどのように用いられますか？	54
質問37	従属変数とは何ですか？　また，従属変数の選択や使用の際に，研究者が注意すべきことは，どのようなことですか？	56
質問38	独立変数と従属変数との間の関係性は，どのようなものですか？	57
質問39	実験ではどうして統制群や実験群という概念が，科学的方法だといえるのですか？	59

▶パート5　標本抽出の考え方と問題点 — 61

質問40	標本と母集団の違いは何ですか？　また，なぜ標本は重要なのですか？	62
質問41	標本抽出は何のためにするのですか？　また，その過程ではどのような失敗が起こり得ますか？	63
質問42	標本誤差とは何ですか，また，それはなぜ重要なのですか？	64
質問43	標本抽出の種類にはどのようなものがありますか？	65
質問44	無作為抽出とは何ですか，また，なぜそれほど有用なのですか？	66
質問45	層化無作為抽出法はどのように役立ちますか？　また，いつ使うべきですか？	67
質問46	研究の一部となる研究参加者の標本が，より大きな集団（研究結果が重要であろう人々）を正確に代表していることをどうすれば確信できますか？	68
質問47	標本サイズの重要性について，いろいろ聞いたことがあります。それは一体どのような意味があるのですか？	69
質問48	標本の大きさはどの程度であれば十分ですか？	71
質問49	標本の大きさはどのくらい重要なのですか？	72

▶パート6　記述的方法を用いたデータの表し方 — 73

質問50	記述統計とは何ですか？　また，どのように使われますか？	74
質問51	代表値とは何ですか，また，それらはどのように算出されますか？	75
質問52	代表値として平均値，中央値，最頻値のいずれを使うべきか，どのように決めればよいですか？	76
質問53	最も頻繁に利用される散布度は何ですか？　また，それらはどのように算出されますか？	77
質問54	データの分布を記述するために，平均値と標準偏差をどのように使うのですか？	78
質問55	正規曲線とは何ですか，また，その特徴は何ですか？	80
質問56	得点分布が正規分布（ベルカーブ）でない場合，推測の基礎となっている考えを適用可能ですか？	82
質問57	分布が歪んでいる場合，どのようなことを意味するのですか？	83
質問58	データを記述する視覚的な方法を探しています。どんな選択肢がありますか？	85

質問 59	標準得点とは何ですか，また，それはなぜ重要なのですか？	87
質問 60	より一般的な標準得点にはどのようなものがありますか？　また，それらはどのように使われますか？	88

▶パート7　検査と測定に関する問題 ─────────── 91

質問 61	測定したい特定の結果がありますが，既存の測度があるかどうか，どこで調べたらいいのか分かりません。どのような従属変数を使うべきかについて，手がかりをどこで得られますか？	92
質問 62	測定の水準の違いとは何ですか？　また，それらはどのように利用されますか？	93
質問 63	信頼性とは何ですか？	95
質問 64	信頼性の種類にはどのようなものがありますか？　また，いつそれらは使われますか？	96
質問 65	信頼性係数はどのように解釈されますか？	97
質問 66	妥当性の種類にはどのようなものがありますか？　また，それらはいつ使われますか？	98
質問 67	基準関連妥当性とは何ですか？　また，同時的妥当性と予測的妥当性という2種類の基準関連妥当性はどのように異なりますか？	99
質問 68	集団基準準拠テストと目標基準準拠テストとの違いは何ですか？	100
質問 69	構成概念妥当性とは何ですか？　また，なぜそれは，心理検査の妥当性を確認するために特に適しているのですか？	101
質問 70	さまざまな種類の妥当性は，どのように確認されますか？	102
質問 71	信頼性と妥当性は，どのように関連し合っているのですか？	103
質問 72	ある検査が信頼性と妥当性を有しているかどうか，どのように調べることができますか？	105
質問 73	検査の種類にはどのようなものがありますか？　また，それらはどのように使用されますか？	106
質問 74	態度を測定する場合，リッカート尺度とサーストン尺度の違いは何ですか？	107
質問 75	項目分析とは何ですか？　また，学力検査を評価する際に，それはどのように用いられますか？	109
質問 76	パーセンタイル，あるいはパーセンタイル順位とは何ですか？	111
質問 77	適応型テストとは何ですか？	112
質問 78	フェア・テスト・ムーブメントとは何ですか？　また，その基本的な目標は何ですか？	113
質問 79	検査が多数収録されており，そこから選ぶことができるような資料はどこで見つけられますか？　また，どのように選べばよいですか？	115

▶パート8　さまざまな研究法の理解 ─────────── 117

質問 80	実験計画とは何ですか？　また，主な実験計画の種類は，それぞれどのように異なりますか？	118

質問81	単一事例研究とは何ですか？ また，この計画を用いる際の長所と短所は何ですか？	120
質問82	相関研究がどのようなものかは知っていますが，いつ，そして，どのように用いられますか？	121
質問83	相関は2変数間の関連を表す，ということを知っていますが，それをどのように解釈すればよいですか？	123
質問84	準実験計画の例にはどのようなものがありますか？ また，どのような時にそれを用いるのが適切ですか？	125
質問85	内的妥当性とは何ですか？ また，なぜそれは実験計画において重要なのですか？	127
質問86	外的妥当性とは何ですか？ また，なぜそれは実験計画において重要なのですか？	128
質問87	内的妥当性と外的妥当性の間の矛盾とはどのようなものですか？	129

▶パート9 推測と有意性に関する問題 — 131

質問88	統計的有意性とは何ですか？ また，なぜ重要なのですか？	132
質問89	研究プロセスの中で考慮すべき過誤（エラー）には，どのような種類がありますか？	133
質問90	研究報告では，$p = .042$, $df_{(22)}$ といった記載をよく見ます。それらは何を意味しますか？	134
質問91	SPSSのような統計プログラムでは，有意水準はどのように表示されますか？	136
質問92	検定力とは何ですか，また，それはなぜ重要なのですか？	137
質問93	一般的な統計的検定にはどのようなものがありますか？ また，それらはいつ用いられますか？	138
質問94	回帰分析とは何ですか？ また，それはどのように用いられますか？	140
質問95	パラメトリック検定とノンパラメトリック検定の違いは何ですか？	142
質問96	学術論文の中で使用されている"統計的に有意"という用語を，頻繁に目にします。それは何ですか？ また，それはなぜ重要なのですか？	144
質問97	結果が統計的に有意かどうか，どのように分かりますか？	145
質問98	効果量とは何ですか？	147
質問99	統計的有意性と有意味性の違いは何ですか？	148
質問100	なぜ .01 と .05 という値が，通常，統計的有意性の慣習的水準として用いられるのですか？	149

訳者あとがき　150
索　引　　　152

装幀＝新曜社デザイン室

パート1
研究プロセスの理解と研究の開始

質問 1

研究はなぜ必要なのですか？　また，その利点は何ですか？

　これは，最初から大変な質問であるが，全ての初学者（あるいは復習中の学生）が答えを知っているべき質問でもある。

　現在，私たちの住む世界は，以前にも増してデータを頼りにしている。そのため，研究プロセスがどんなものか，どう実施されたのか，そしてその利点（と欠点）は何かを理解することが，ますます重要になってきている。

　研究とは，アイディアを検討する複雑な過程である。この過程では，重大な結果を伴う重要な問いを生み続ける既存のアイディアだけでなく，研究対象に関する独自の情報をもたらす全く新しいアイディアも検討される。

　あなた自身の領域にも，まだ明らかにされていないさまざまな問いがあり，そのいくつかを簡単に思いつくだろう。そうした問いを出発点に，研究プロセスを経て，新しく重要な結果が生まれるかもしれない。

　たとえば，スクールカウンセラーの場合，脳の成熟と青年期の感情との関連について多少とも知識があれば，教室での行動を理解するのに役立つだろう。もしくは，看護を学ぶ学生の場合，集団の効果を理解して介護者のグループに応用できれば，介護者がより効果的に活動し，介護対象とより良いコミュニケーションをとれるようにするのに役立つだろう。また，学習スキルにおいて聴覚よりも視覚が優位な子どもたちに教えるためのより良い方法を知りたい学級担任がいるかもしれない。

　このような状況をはじめ，その他数多くの機会をとらえ，答えの根拠，あるいは答えではなくとも意思決定を助ける十分な情報を提供するツールや技法を開発しようと研究者たちは努めてきた。研究は，物事をより深く理解する手段の1つなのである。

　それではなぜ，研究がなされるのか？　いくつかの利点を以下に列挙する。

- 判断の根拠を提供する。
- 判断をする際に，独断や偏見ではなく，データに基づいて可能な限り良い判断ができるようにする。
- 正しく実施されれば，他の科学者のアプローチと照合できる。
- 実際に役立つ。

　　　　　　　　　もっと知るには？　質問5，9，11を参照。

質問 2

**一般的に，どのような過程を経て研究トピックが決定されますか？
また，経験豊富な研究者でなければ，
興味深いトピックを選定することはできないのですか？**

その過程は研究者やトピックによって異なるが，基本的には以下の中の1つ，あるいは，いくつかの組み合わせとなるだろう。最初のアイディアをどこで思いつくかは分からないが，あなたの知識や経験のレベルにかかわらず，あなたが興味を持っている何かがきっとあるはずである。

もしあなたが初学者で，初めて研究を実施しようとしているのだとしたら，興味深いと感じたトピックに関する情報の実例として，雑誌や新聞，ウェブサイトといった一般的な情報源のいくつかを調べて参考にするかもしれない。この時点で，あなたがするべきことは，当該領域において一般的に行われてきたことや，重要な問い，そして，検討すべき最も重要な事柄を見出すことである。

もしあなたがより多くの経験を積んでいるならば，当該領域の専門家を探すかもしれない。その人物は，あなたの指導教員かもしれないし，あなたが興味を持っている領域の知識を何かしら持っている別の教授かもしれない。このような専門家に対して，何が既に行われており，何が今後なされるべきなのかについて，気軽に質問して助言を求めるとよい。

もしあなたがある特定の領域において大いに経験豊富なのであれば，特定のトピックに関する雑誌（専門分野のジャーナル）や研究論文といった興味を持っている領域に関する最も直接的な情報源をただちに参照してもよい。これらの資料は，図書館で印刷物（ハードコピー）を利用することもできるが，もちろん，最近ではオンラインで入手することもできる。

もし自分の研究領域として，ある特定のトピックを追いかけているのであれば，おそらく上記の中の最後の提案である研究論文の参照を行うことになるだろう。しかし，今後の研究に値するトピックを作り出すあらゆる側面について巨視的にとらえるために，上記の全てを試してみるのもよいだろう。

　　　　　　もっと知るには？　質問12，17，19を参照。

質問 3

「科学的方法」とは何ですか？
また，それをどのように自分の研究に応用できますか？

　科学的方法に関するより現代的な見解はあるが，その発端は，およそ2300年前に活躍したギリシアの哲学者，アリストテレスにさかのぼる。彼は，論証が全ての意思決定の根拠になるべきだと確信していた。そして，この基礎的な考え方が，観察可能なデータを収集し，そのデータを実験的に検討する一連の技法である研究法へと発展してきたのである。

　実際的な言い方をするならば，科学的方法は，選択肢となるいくつかの方法や処置の効果を調べるために使われる。この方法は，処置を施される2つ以上の群（実験群と呼ばれることが多い。また，しばしば統制群も含まれている）から成る。これらの群は，異なる条件下におかれ，群間に差があるかどうかを確認するために，いくつかの測定結果に関して互いに比較される。理論上は，各群は設定された条件以外の全てにおいて同一であるため，観察された差異は全て，実験の処置そのものによって生じた可能性が最も高いと考えられる。

　たとえば，（アメリカでは）毎年秋になると，非常に多くの親たちが，我が子の志望大学への入学を確実にしようと願い，先を争って，SAT（大学進学適性試験。アメリカの大学進学希望者に行われる共通試験）の得点を上げるための補習プログラムに子どもを参加させる。これらの特別な（そして高額な）プログラムには効果があるのだろうか？　それを知るための1つの方法は，レベルの異なる指導を受けているさまざまな参加者群と，課外指導を何も受けていないもう1つの参加者群とを比較することである。各群は等質であると仮定し（科学的手法の下で，この仮定を調べる多くの方法が存在する），どの群において最も学力が伸びたか，あるいはどの群が最も高い得点をとったか（測定された内容であれば何でも）調べることができる。

　この例では，プログラムに効果があるかどうかを調べるために，いくつかの群の成績について実験が行われ，実証的な観察データ（テスト得点）が集められる。正しく実施されれば，科学的方法は，公正で理にかなった検証結果を基に，さまざまなアイディアについて正しい判断をするための非常に強い論拠を与えてくれる。

　　　　　　　もっと知るには？　質問8，27，32を参照。

質問 4

利用できる研究モデルにはさまざまな種類がありますが、それらの全体的な概要と相違点について教えてください。

研究モデルは，2つのカテゴリーに大別される。すなわち，非実験モデルと実験モデルである。

非実験モデルでは，概して，変数の能動的な操作あるいは処置が行われない。このカテゴリーには，以下のモデルが含まれる。

- 史的モデル（過去に起こった出来事を調べる）
- 記述モデル（物事をありのままに記述する）
- 相関モデル（変数間の関係を検討する）
- 質的モデル（結果と，それらが生じた社会的文脈を調べる）

実験モデルでは，概して，変数の能動的な操作や処置が行われ，さまざまな条件間の違いが検証される。このカテゴリーには，以下のモデルが含まれる。

- 準実験（実験参加者は予めグループ分けされており，そのグループ間で処置の効果を検討する）
- 実験（実験参加者たちを無作為にグループに割り当て，そのグループ間で処置の効果を検討する）

次ページの表は　上述の2大カテゴリーに含まれるさまざまな方法の例である。

	モデル	例
非実験的	史的	植民地時代のアメリカにおける子どものしつけ方の事例を調べ，現在のしつけ方の事例と比較する
	記述	大学生を対象として，睡眠時間の実態と，それが学校での成績の良さに影響すると学生たちが感じているかどうかを明らかにするために，調査を行う
	相関	ソーシャル・メディアへの関与と重要な友人の数との関連を調べる
	質的	チャーター・スクール*の成功と，都市部および農村部の家族への影響をインタビューによって検討する
実験的	準実験	減量プログラムを利用している糖尿病の成人患者と糖尿病にかかっていない成人との間で，プログラムにおけるルールの守り方の違いを検討する
	実験	高齢者（80歳以上）に，バランスをとるトレーニングのための3種類のプログラムのうちいずれかに参加してもらい，プログラム間の違いを検討する

*アメリカの，達成目標契約をして認可された公募型の研究開発校。

もっと知るには？　質問3，5，11を参照。

質問 5

私の目的に最適な研究モデルは何ですか？

　率直に言うと，お気づきのように，採用するモデルは，あなたの問いによって決まる。

　あなたの研究に最適なモデルは，あなたの問いに対して最も的確に答えを出せるモデルである。以下では，留意すべきいくつかの点について記す。

1. ある問いに答えるための完璧な単一のモデルや研究法はない。相関モデルでかなりうまくいくとしても，検討中のリサーチクエスチョンには他の方法を使った方がより良い答えを出せる別の側面があるかもしれない。

2. しばしば，混合モデルが最も良いアプローチとなる。なぜなら，問いに答えるためには，あなたが使える全ての手段が必要とされるからである。たとえば，経験によって生活保護に対する態度がどのように異なるかを検討したい場合，ある種の横断的研究が実施されるだろう。しかし，生活保護を受けている特定の家族の態度が時間とともにどのように変化してきたかという現象にも関心を持っているとしたら，その場合には，縦断的アプローチが必要となる。

3. 問いは先行研究を基に立てられる。そして，単独で完結する問いはほとんどない。問いにどのように答えるかを考える前に，必ず，あなたの問いをしっかりとした根拠のあるものにしておかなければならない。

これら3つの注意点に留意すれば，研究モデルの選択はかなり容易である。

- 単に結果を記述することに関心がある時，たとえば，市役所によって提供されているサービスのうち，どのサービスを何人の人が好んでいるのかを明らかにするために調査を行う場合は，記述モデルを採用することになるだろう。
- 過去の出来事に関心があり，それらが現在の出来事とどのように関連しているかを調べる時，たとえば，公衆衛生に携わる看護師がかつてどのように感染症に対処したのか，また，現在はどのように対処しているのかを調べたい場合は，史的モデルが最適だろう。

- 変数間の関連を検討することに関心がある時，たとえば，所得水準とチャーター・スクールに対する態度との間に関連があるかどうかを検討したい場合は，相関モデルを選べばよいだろう。
- ある特定の要因と別の要因とが因果関係にあるかどうかを知ることに関心がある時，たとえば，アメリカ人の高齢者において，ウェイト・トレーニングが認知スキルに及ぼす影響を知りたい場合は，実験モデルを使うことになるだろう。

もっと知るには？　質問4，11，14を参照。

質問 6

基礎研究と応用研究との違いは何ですか？

　これらの用語を定義して区別する方法は，いろいろとある。

　違いの1つは，研究の焦点に関わっている。基礎研究は通常，研究中のある特定の問いや研究対象領域に関する非常に小さな部分に焦点を当てる。たとえば，もしアルツハイマー病の研究の一環として脳内の神経束が絡み合っていく過程についてさらに解明することに興味があるとしたら，それは基礎研究になるだろう。基礎研究は，即時の活用ができない研究であるのに対して，応用研究は，即時の活用が可能である。

　一方，この基礎研究の結果は，将来，より幅広く利用される可能性がある。たとえば，運動の習慣や食生活をどのように変化させればそうした神経束の絡み合いを防ぎ得るかが解明され，アルツハイマー病の発症を減少させることができるかもしれない。これは，"より"応用的と考えられるだろう。言い換えれば，研究の結果がどの程度ただちに現実世界の問題に利用可能であるかということが，基礎研究と応用研究とを定義する要因の1つとなる。

　両者を区別するもう1つの方法は，何を目指して研究活動が行われているかを考えてみることである。基礎研究では，知識を蓄積し，何らかの現象をより良く理解すること以外に目的はない。基礎研究は全ての研究の土台となるが，時に，その恩恵を予測することは難しい。基礎研究の実施は，応用研究へと向かう第一歩なのである。

　同じように考えると，応用研究は問題解決を目指す研究であり，より実用的な性質をもっている。誤解を恐れずに言うとすれば，応用研究は，基礎研究の結果を基に，解決策の提供を担う研究と言える。なぜ栄養不良が脳の成長に影響するのかを理解することは，基礎的で重要な課題である。栄養不良状態が脳の発達や後の学習および学校での成績に与える影響を理解することも同様に重要であるが，これは，明らかにより応用的な課題である。

　　　　　もっと知るには？　質問1，4，11を参照。

質問 7

質的研究とは何ですか？
いくつかの例を教えて下さい。

　質的研究では，個人や組織，そして現象について，それらが存在している文脈の中で検討を行う。質的研究は多くの点において量的研究とは異なるが，互いに融合する側面が増えてきている。

　質的研究者は，行動を深く理解し，その行動がとられる理由を知ることに関心がある。質的研究は，実業界や医学ではより長い歴史があるが，社会科学や行動科学においては比較的新しい。

　厳格な量的研究者は，量的な性質をもつ実証データ（テスト得点など）に関心を向けるのに対して，質的研究者はさまざまな情報源，たとえば，記録資料，電子メール，自由記述式調査，ビデオ，人工物，直接観察，（会話，議事等の）書き起こし記録，参与観察とインタビュー，フォーカスグループなどにも目を向けるだろう。そして，重要なことは，情報源が何かということではなく，リサーチクエスチョンに答えるために，どのようにそれらが使われるかである。

　たとえば，事例研究は，質的研究者によって頻繁に用いられる手法である。ある組織において主要任務の遂行をどのように確実にしているのかという問いが立てられた場合，収集される情報や，情報の分析のされ方は，質的方法とその他の方法とでは非常に大きく異なるだろう。

　質的研究の例として，個人や組織が詳細に検討される事例研究や，文化について，その文化の中で発展してきた慣習とともに研究するエスノグラフィー研究プロジェクトなどが挙げられる。量的研究と同様に，質的情報を統合して分析するのに役立つ多数のコンピューター・プログラムがある。最も有名なプログラムは NVivo, Xsight, Ethnograph などである。

　　　　　もっと知るには？　質問4，5，17を参照。

質問 8

仮説とは何ですか？また，それらは科学的方法にどのように組み込まれているのですか？

　仮説（hypothesis）という単語は，ギリシア語の"〜の下に置く"や"仮定する"といった語を組み合わせたものに由来する。一般に"知識に基づく推測"や"直感"という意味でその語が用いられることをよく知っているだろう。仮説は，科学者が焦点を当てている理論から導き出される。また，仮説は研究している情報を整理するツールとして役立ち，研究活動を推進する。

　仮説には，帰無仮説や研究の種類に応じたさまざまな形式があり，それぞれが特有の目的を持っているが，それらはどのように科学的方法に組み込まれているのだろうか？

　科学的方法の本質は，実証的すなわち観察可能なデータを収集し，（仮説に反映されている）明確な問いを厳密に（かつ皆に分かるように）検証することである。実験モデルでは，ほとんどの場合，この問いに統制群と1つ以上の実験群との比較が含まれる。

　実験モデルの主要な前提の1つは，実験群にある種の処置が施されるという事実以外，統制群と実験群の両群が全ての点で基本的に同一ということである。統制群とされていても，時に処置を受けることもある。それは，検討している問い（と仮説）によって決まる。処置をする場合と処置をしない場合との違いに関心があるのか，処置が施されない条件には関係なく，さまざまな種類の処置に関心があるのか，が問題となる。

　統制群は，実験結果（実験群の結果）を比較する際の基準となる。そして，観察されたあらゆる差異が一貫性のあるものか，偶然によるものかについて，いくつかの統計手法を用いて検討される。

　　　　　もっと知るには？　質問3，28，33を参照。

質問 9

良い研究仮説とはどのようなものですか？

　研究仮説は，"もし…であれば，〜であろう（if-then）"という記述で表される，科学的方法の重要な要素である。アイディアから検証されるべき仮説が生まれ，これらの検証結果から理論がどう修正されるかが決まる。

　仮説を正しく立てることは非常に重要である。以下について知っておくとよいだろう。

　第一に，研究仮説は常に宣言的に表現される。たとえば，「陸上競技の高校生選手において，怪我の回数とウォームアップに費やす時間との間には負の相関がある」というようにである。「関連はどのようなものか」といった問いは宣言的な表現ではなく，明快さに欠け，あまり有用でない。

　第二に，研究仮説は，検証可能でなければならない。たとえば，「読書プログラムに参加している家庭の子どもたちは，そのプログラムに参加していない家庭の子どもたちと比べて，標準化された読解テストにおいてより高い得点をとるであろう」というようにである。ここでは，（読書プログラムへの参加もしくは不参加，および，ある標準化されたテスト結果の得点というように）変数が明確に定義されている。そして，仮説は，（参加者を見つけることができる，変数が容易に測定できる，など）検証可能かつ合理的なものでなくてはならない。

　第三に，研究仮説は，ある結論が正しいかどうか検証するために設定されるのであり，証明するために設定されるのではない。たとえば，高齢者の社会参加が長寿に及ぼす影響について研究者が関心を持っているとしたら，「週に2回，社会集団の活動に参加する80歳以上の成人は，○○テストで測定される所属感や全体的な生活満足感が増加する」というような仮説が設定されうる。この仮説は，証明する必要性の有無にかかわらず，検証可能である。

　第四に，（おそらくこの点は，他のいかなる特徴に勝るとも劣らないほど重要であるが）良い研究仮説は，**検証に値する理論やアイディアに基づいていなければならない**。こうした仮説の検証により，研究者は（理論として提示される）重要な問題に対してさらに知見を加えることが可能となり，また，研究プロセスにおける次の段階により順調に進めるようになる。

　最後に，仮説は，明確に述べられ，再現可能であり，測定可能な変数を用い，適切な時間内に検証されうるものでなければならない。

　　　　　　もっと知るには？　　質問8，29，30を参照。

質問 10

良い研究であることを確認する1つの基準として，その研究が公刊されている学術雑誌の評価を調べることがありますが，それ以外に，何か見るべき事柄がありますか？

　もちろんある。さまざまな基準をカテゴリー別に整理したチェックリストを以下に示す。このチェックリストは，ある研究が適切なものであるかどうかを評価するために活用できる。ここではいくつかの主観的判断をしなければならないが，当該基準を満たしているか，ほぼ満たしているか，全く満たしていないかという観点で検討するとよい。

カテゴリー	基準	基準に合致しているか？		
		はい	多分	いいえ
先行研究のレビュー	先行研究のレビューは最近のものか？　そのレビューでは，主要かつ重要な点が取り上げられているか？			
問題と目的	研究の目的が明示されているか？			
	研究の重要性について，理論的根拠があるか？			
	研究仮説が明快に述べられているか？			
	仮説は，理論あるいはレビューのなかに挙げられた関連文献に基づいているか？			
方法	変数の定義や説明は十分になされているか？			
標本	標本がどこでどのように選ばれたかについて明らかにされているか？			
結果と考察	結果に仮説に関連しているか？			
引用文献	引用文献は，必要な情報が全て揃っているか？			

　　　　　　もっと知るには？　質問9，12，14を参照。

パート1　研究プロセスの理解と研究の開始

質問 11

新聞や専門的な雑誌,そして指導教員からも,さまざまな研究について見聞きする機会が多々あります。私は何を信じればよいですか？また,研究結果が有用かどうかについて,どのように判断すればよいですか？

これは実に良い質問であり,また,答えるのが難しい質問でもある。

まず,いくつかの研究は他のものよりもより"上手く"行われている,と仮定しよう。"上手く"行われている研究とは,研究者たちがより注意深く,必要な時間をかけ,結果の測定のために妥当性と信頼性のある測度を用い,結論がデータに基づいており飛躍していない研究のことである。

さて,購読している新聞の第1面に,子どもへの本の読み聞かせが子どもの語彙の増加に効果的であることを示す研究結果について詳述した記事があったとしよう。

あなたは幼い子どもを教えており,これらの結果に非常に興味をもった。さて,これらの結果が本当に有用で,あなたの教室に応用可能かどうかを判断するために,どうしたらよいだろうか。以下に説明しよう。

1. 新聞記事の基になっている論文はどこで発表されているのかを調べよう。研究が"良い"かどうか,適切に実施されているかどうかに関する最も良い判断基準は,著者と同業の研究者による査読(ピア・レビュー peer review)を通過して発表されているかどうかである。新聞記事が基にしている原著論文は,草稿が完成すると雑誌の編集委員に送られ,その後,査読のために当該領域の専門家に送られる。論文原稿は,専門家たちによって精読され,次のような提案とともに返却される。

    a. 修正なしで論文掲載
    b. 一定の修正後に論文掲載
    c. 論文の不受理,ただし,著者に再投稿するように勧める。というのも,査読者がその論文について見込みがあると考えているためである。
    d. 論文の不受理,なおかつ,再投稿を認めない。不受理の比率は,最も良い雑誌では85%,最も評価の低い雑誌では15%,とさまざまである。これは,ほとんどの学問分野に当てはまる。

2. 当該雑誌にざっと目を通し（これは，たいていインターネット上でできる），編集委員会を確認しよう。彼らは，主要な研究大学や，評判の良い学校に所属しているか。彼らが原稿を査読し，研究結果を最終的に掲載するかどうかに責任を負っているのである。

3. （もしあなたが修士課程や博士課程に在籍しているならば）指導教員に，あるいは学区の専門家に，当該雑誌，あるいは，その研究を行った人々を知っているかどうか尋ねよう。しばしば，ある特定の領域の大半の研究は，同じ人々や，いくつかの機関に所属する人々で構成される同じ研究グループによって実施されている。

4. 最後に，研究論文の著者を Google で検索しよう。これは，その著者が他にどんな研究を行っているのか，また，研究がどのように論評されているのかを確認するためである。査読者や他の学者が当該論文や著者の研究についてどのような見解を示しているかを見ることによって，特定の研究の価値についてよく知ることができる。

　研究の価値を判断するために重要なことは，著者の実績や論文の発表媒体，他の人々（当該領域の知識について尊敬できる人）がどのように考えるかなど，可能な限り多くの観点から検討することである。
　非常に多くの情報が毎日発信されている。それをあなたの研究に応用して最大限に活用するために，入念に情報を収集して判断しなければならない。

もっと知るには？　質問4，5，15を参照。

質 問　12

インターネット上で情報を見つけるための最も良い方法にはどのようなものがありますか？また，最も良い場所はどこですか？

　おそらく，以前に何度も聞いているだろうが，たいていの場合，図書館（インターネットを通しても利用可能なはずである）が最も良い出発点となる。図書館が所蔵する資料から，実際に，必要な情報に関する良い手がかりが得られる。

　研究スキルを高め，インターネット上の情報源を発見するための第一歩は，あなたの地域の図書館，具体的には公共図書館と，地域の短大や大学の図書館に接続することである。たいていのところでは，地域の住民であれば図書館カードが付与され，図書館がインターネット上で公開している全ての資料，すなわち，日刊新聞の記事から，学術論文や蔵書に至るまで，たくさんの資料が利用可能である。

　図書館に接続すれば，通常無料で，出版物に即時にアクセスできる。図書館を訪れて，実際の施設や設備を利用する方法を学ぶのは良いことだが，電子的に提供されているものは極めて有用である。もし昔からのやり方で利用するならば，多くの場合，学術論文や書籍の複写依頼ができる。

　インターネット上で地域の図書館に接続すると，多くの場合，図書館員と直接話すことができるライブの"チャット"ヘルプが提供される。そこでは，"*New York Times* の記事索引はどのように検索するのか"といった質問をすることができる。また，通常，必要となるかもしれない図書館案内がインターネット上での仮想ツアーとして提供されている。

　最初の手がかりが得られる他の場所として，一般的な疑問であればGoogleが役立つ。これは，既に日常の検索でよく利用しているだろう。しかし，books.google.comにあるGoogle Booksはあまり知られていない。Google Booksでは，書名，著者名など任意のキーワードから書籍を検索でき，Googleが保存している本をインターネット上で試し読みすることができる。また，Google Scholarという，学術図書や論文などさまざまなタイプの学術資料を著者やタイトルによって検索できる場所もある。

　どんな検索ツールを使おうとも，引用文献を保存できるようにするオプション，もしくは，情報を再入力せずに適切なフォーマットで引用文献一覧を作成するのに役立つツールを探しておくとよい。

　　　　　　　もっと知るには？　質問14, 17, 19を参照。

質問 13

ソーシャル・メディアは，研究者と消費者という両方の立場で利用するにあたり，どのように役立つのですか？

　おそらく，あなたは，コミュニケーションのツールとして，ソーシャル・メディアを使いこなしているだろう。そうしたツールは，間違いなく，研究プロセスにおいても生産的に利用することができる。

　Twitter や Facebook，LinkedIn を通して他の研究者や彼らの活動をフォローできることは言うまでもないだろう（最後に挙げた LinkedIn は，実業界で主に使用されているが，研究業界で同じように利用できないはずはない）。

　以下では，いくつかのソーシャル・メディア・ツールとその利用方法について簡潔に説明する。

　Facebook には5億人以上の利用者がおり，だれでも Facebook のページを作成することができる。それを自身の研究拠点とみなすことができよう。ここでは，研究者仲間とコンピューター上で交流し，アイディアを交換することができる。また，何か一般的なトピックを Facebook 上で周知させることもでき，他の Facebook 利用者が研究に参加することもできる。平均的な Facebook 利用者は80人程度の他の利用者とつながっていることから，アイディアを共有するための潜在的可能性がいかに大きいかが分かる。

　Twitter には，7500万を超える利用者がおり，利用者たちは，140文字のメッセージを作成して自身をフォローしている人々に送ったり，ある特定の内容に関心を持っている他の Twitter 利用者を探したりしている。もちろん，特定の研究者の仕事をフォローして，さらなる情報を得るためにその人に接触することもできる。これが最も単純な Twitter の利用方法である。また，Twitter のメインページ上の簡易検索ツールに，#をつけて（たとえば，「#幼児」のように）検索語を入力すれば，求めている人とのつながりや必要とする参考資料のいくつかを手に入れることができる。

　Facebook，Twitter，そして LinkedIn は，最も人気のあるソーシャル・メディア・ツールである。Digg や Reddit など，ニュースや意見，最近の出来事に関する重要な報道，社会の変化に関する情報を提供するその他のツールもある。経験の浅い研究者にとって，どれもが重要な情報源となるだろう。

　　　　　もっと知るには？　質問12, 17, 19を参照。

パート2
レビュー（先行研究の概観）と
リサーチクエスチョンの設定

質問 14

文献のレビューとは何ですか？
また，それはなぜ重要なのですか？

　文献のレビューは，研究しているトピックに関連する重要な知見の要約である。通常，研究計画や研究報告において，導入部の後に記述され，読者に検討中のトピックに関する全体像を知ってもらうために必要な内容がまとめられる。包括的かつ簡潔でなければならず，読者が当該トピックに関するこれまでの知見と今回の研究の特徴を十分に理解できるように論旨が通っていなければならない。レビューの最後には，通常，リサーチクエスチョンと検討される具体的な仮説が記される。

　文献のレビューでは，先行研究を歴史的に振り返るとともに，最新の動向を概観する。それは，以前に何が行われてきたのかに関する記録であり，レビューの中では，その要約が求められる。先行研究の方法や結論だけでなく，あなた自身が研究しようとしている内容のアイディアについても議論することになる。そうすることによって，あなたの研究が，可能な限り新しく，当該研究領域に貢献するものであると分かるようにするのである。

　しかし，それ以上に大切なことは，文献のレビューが研究の土台になるということである。レビューは大半が一次資料と二次資料から構成されるが，それによってリサーチクエスチョンをどのようにたてるか，リサーチクエスチョンに基づいてどのような仮説を設定（そして検証）するべきかについて，一定の方向性が得られる。

　レビューが非常に重要であるもう1つの理由は，重要な先行研究やそこで示唆されている今後の方向性を反映するように，リサーチクエスチョンをより良く修正する機会を提供してくれるからである。それは，あなたが重要だと考えていることやあなたが知りたいことを正確に反映するように，リサーチクエスチョンと仮説の細部を手直しする機会にもなる。

　　　　　もっと知るには？　質問15，16，18を参照。

質 問 15

文献レビューは，私が設定するリサーチクエスチョンや仮説に，どのような影響を与えますか？

　ご承知のように，文献のレビューは，じょうごのような形をした過程をたどる。最初は非常にたくさんの情報が幅広く論じられるが，最後には，より狭く論点が絞られ，非常に緻密で具体的なリサーチクエスチョンとなる。そして，リサーチクエスチョンは，1つないしいくつかの仮説によって検証される。

　レビューをする際は，興味を持っている事柄に関する素朴な疑問から，当該トピックの詳細な内容に対するより深い関心へと進み，より明快に述べられたリサーチクエスチョンへと至る。とは言え，新しい研究も古い研究も読みながら，これまでに何が行われてきて今後何が行われうるかを検討する中で，既に分かっていることとさらに知りたいと思うことの間の重要な落とし所が見えてくる。これは，リサーチクエスチョンの設定と最後の執筆過程の間の行きつ戻りつする過程として示すことができる。

1. あるアイディアに関する一般的な関心
   ↓
2. 一般的な情報や学術的な一次資料および二次資料の読み込み
   ↓
3. 重要な情報源の探究と文章化
   （ここで執筆開始）
   ↓
4. リサーチクエスチョンの設定
   ↓
5. 重要な情報源の読み込みと体系化の継続
   ↓
6. 仮説の設定
   ↓
7. 文献レビューの文章化と執筆の継続

　もっと知るには？　質問14，16，27を参照。

質 問　16

文献レビューがいつ完了したのか，
どうすれば分かりますか？
切りがないのではありませんか？

　レビューの最終段階に到達した時，あるいは，少なくとも自分でそのように思った時，文献レビューがいつ完了したと言えるのかを知りたくなるだろう。
　以下は，完了を示すサインのいくつかである（ただし，リサーチクエスチョンは答えることができるものであり，仮説は検証可能なものとする）。

1. 新しく見つけた学術雑誌論文や書籍の章，その他の一次および二次資料の参考文献一覧にある全ての文献が既に検討されている。これは，一通りレビューし終えて，どの文献も（新しい文献であれ，古い文献であれ）これまでの過程で既に調べており，参照していることを意味している。

2. 研究のアイディアについても上記1と同様である。（多かれ少なかれ）あなたのリサーチクエスチョンと仮説に関わる情報源を当たり尽くし，常に新しく学ぶことはあるにしても，できる限りのことをやり終えている。

3. 最も重要なことは，あなたとあなたの指導教員や同僚（およびあなたのメンターをしてくれている人）が，設定した問いの背景にある理論についても方法についても重要事項を包括的に検討したと確信していることである。これはいくぶん主観的な基準であるが，それでもなお非常に重要な点である。

次のような場合は，完了しているとは言えない。

1. 基本的なアイディアに関わる新しい（一般的な）テーマや，あなたが知らなかった重要な文献および情報源が，依然として見つかる。

2. あなたのリサーチクエスチョンが，他の多くの報告書や書籍の章，学術雑誌論文等の著者によって示唆されており，これらの示唆を誰か他の人が既に取り上げていると推測される。もっときちんと調べよう。

3. 最も重要な未完了のサインは，あなた自身が，文献のレビューを完了したと思えていなかったり，さらなるアイディアをまだ思いついたりすることである。おそらく，あなたの問いが漠然としており（対象としている範囲が広すぎるのかもしれない），仮説を検証できないだろう。

もっと知るには？　質問14，17，18を参照。

質問　17

3つの主要な情報源とは何ですか？
また，それぞれは，文献レビューの作成において
どのような役割を果たしますか？

　文献レビューを執筆する際に参照すべき3つの情報源がある。すなわち，一般的な情報，一次資料および二次資料である。それぞれ異なる役割を担っており，内容の深さや種類が異なるさまざまな情報を提供してくれる。

　（雑誌，新聞，インターネットのニュース・サイトなどの）一般的な情報源は，ある特定のトピックについて，最も広範で"分かりやすい"情報源である。それらは，あるトピックに関する一般的な情報を求めている時には，最も良い出発点となる。おそらく，当該領域の有名な研究者を知ることができるだろうし，その人に今後直接連絡をとれるかもしれない。たとえば，健康管理と税務政策について研究したい場合，（図書館で）*New York Times*の索引や，（オンラインで）*New York Times*のアーカイブ記事を確認するといったことは，設定した問いを洗練するための良い足がかりとなる。

　二次資料は，原著論文とは区別され，研究レビューや特定のトピックに関する論文を集めたもの，特定の問題に関するインターネット上での議論などが当てはまる。二次資料は，一般的な情報源よりも，特定のトピックをめぐる重要な問題により焦点を当てたレビューであり，より深く掘り下げた議論がなされている。多くの場合，特定のトピックに関する包括的なレビューを見つけることができれば，リサーチクエスチョンを洗練するために非常に役立つ。

　最後に，一次資料とは，オリジナルな研究の報告であり，これらの報告はほとんどの場合，学術雑誌に掲載される論文の形をとる。たとえば，学術雑誌には，*Child Development, Educational and Psychological Measurement, The American Journal of Nursing, Family Practice*といったものがある。地域や学校の図書館カードは，研究やその成果に関して，その研究を行った当人による説明にたどり着くための鍵である。

　　　　　　　　もっと知るには？　質問12，14，16を参照。

質問 18

文献レビューを執筆する際には，どのように進めるべきですか？

　文献をレビューすることにより，収集するデータ，分析方法，そして結論のための土台が作られる。文献レビューは，包括的に，しかしリサーチクエスチョンや仮説に限定して行われる。

　以下は，文献レビューを執筆する際に留意するとよい，いくつかの手順である。

1. どのような方法を選ぶとしても，インターネット上でアクセス可能な図書館の情報や，実際の図書館施設について詳しく知ろう。つまり，図書館に関するインターネット上での講習や見学ツアーに参加したり，図書館の参考係がどこにいるのか，また，彼らにいつ相談できるのかを調べたりするとよいだろう。

2. 関心のある領域の文献レビューを読み，著者たちが自らの研究をどのように体系化しているか，当該トピックに関するいくぶん一般的な内容から非常に洗練された研究仮説へと至る過程で，どのように議論が展開されているのかを確認しよう。

3. この時までに，あなたは，自分のリサーチクエスチョンに関する良いアイディアを持っていなくてはならない。すぐに，一般的な情報源や一次資料および二次資料の探索を開始しよう。リサーチクエスチョンを洗練するために，できる限り多くのものを読み，読んだ内容を要約しよう。

4. あなたのトピックと深く関連する資料を読んで要約しよう。作業中は，常に情報源をたどり，研究計画（そして最終報告）に添える引用文献一覧のために，どこで情報を入手したか分かるようにしておこう。

5. 読み進めながら，3つのレベルの資料について内容をまとめた一覧表を作ろう。

6. 枠組みとしてこの一覧表を使って，読んできた研究の要約を体系化しよう。

読んできた内容の一覧表が整理され，その表のレベルごとに研究の要約ができ上がったら，これらを基に，いつでも執筆に取りかかることができる。作業中は，同僚やアドバイザー，先生から書いたものに対して意見してもらう機会を作ろう。

　　　　　　もっと知るには？　質問12, 15, 16を参照。

質問　19

利用可能な最も良い電子資料には，どのようなものがありますか？
また，それらの使い方はどうすれば分かりますか？

　最適な電子資料やそれらの一般的な使い方について私の意見を述べる前に，まずあなたはこれらの情報源にアクセスできなければならない。もしまだアクセスしたことがなければ，あなたの大学の図書館に（実際の施設であれ，インターネット上であれ）行くべきである。もしあなたが学生でなければ，地元の図書館からアクセスできる。インターネット接続のできるコンピューターを持っていなければ，公共図書館でも利用可能である。

　どの電子資料を利用するかは，アクセスしたい情報の種類や研究領域によって大きく異なる。ここでの目的のために，4つの一般的な情報源と，一次資料および二次資料に関する5つの情報源を一覧表にしておく。ただし，これらは，利用可能な多くの情報源からいくつかを抜粋したリストである。図書館の参考係が，電子資料のより良い選択を助けてくれるだろう。

　情報源によって使用方法がそれぞれ異なるため，個々のツールの使い方を調べなければならない。しかしながら，ほとんどのものにヘルプ機能がついており，また，必要に応じて図書館の参考係にインターネット上や対面で相談することができる。ここに挙げたURLは，あなたの図書館からアクセスできるものに類似しているが，同一ではない可能性があることに留意されたい。

一般的な情報源	URL
New York Times Article Archive	http://www.nytimes.com/ref/membercenter/nytarchive.html
TIME Magazine Archives	http://content.time.com/time/magazine/archives/
United States Newspapers	http://www.50states.com/news/
Reader's Guide to Periodical Literature	https://www.ebscohost.com/academic/readers-guide-to-periodical-literature

一次資料および二次資料の情報源	URL
ERIC	http://eric.ed.gov
Social Sciences Full Text	https://www.ebscohost.com/academic/social-sciences-full-text
PubMed	http://www.ncbi.nlm.nih.gov/pubmed
PsycINFO	http://www.apa.org/pubs/databases/psycinfo/index.aspx
Expanded Academic ASAP	http://www.gale.com/c/expanded-academic-asap

使い方のコツ

1. 検索語の作り方は習得すべき重要なスキルである。"学校改革（school reform）"と"学校を改革する（reform schools）"とでは，検索結果が大きく異なる。

2. より詳細に的を絞って検索するほど，より正確で有用な結果が得られる。

3. 全ての検索エンジン（たとえば，Google，Bing など）にはそれぞれ個有の検索アルゴリズムがあり，演算子（"+" や "or" といったもの）を使って検索を狭めたり広げたりすることができる。また，それぞれの検索エンジンにはこれらの演算子を上手く使えるように手引きしてくれるヘルプ・メニューもある。

4. 必要とする全てのものを電子資料で見つけられるかもしれない。しかし，インターネット上だけを調べていると見落としてしまうものがあり，それらを知るためには図書館へ行くのが一番である。

もっと知るには？　質問12，14，17を参照。

パート3
研究倫理に関する基礎知識

質問 20

倫理にかなった研究を実施するための原則として，一般的かつ重要なことは何ですか？

　ほとんど全ての学術団体には規定があり，その構成員（や，その団体に代表される専門領域の者）は規定を順守することが求められる。こうした団体の多くが共有している指針のいくつかを以下に示す。

- 最優先かつ最重要な事項は，研究参加者が危害を受けないことである。これには，心理的，感情的，身体的な危害が含まれる。
- 研究計画は，研究者が所属している機関の利害を代表する人々で構成される集団によって審査されなければならない。この審査を行う集団は通常，研究倫理委員会というような名前で呼ばれる。
- 全ての研究参加者は，インフォームド・コンセントの用紙に，理解した上で署名しなければならない。
- 子どもや特別な母集団から選出された参加者が関与する研究は，彼らの権利が保護されること，そして，彼らが危険な状況にさらされないことを確実にするために異なる基準を用いて審査されるべきである。これには，通常，研究参加者が参加に同意する本人ではない（彼らの親や後見人が同意する）ために，事情がよくわからないような場合が当てはまる。
- 研究の一部にだまし（ディセプション deception）が含まれる場合は，全ての研究参加者に対して，だましが行われた実験やセッションの後に，デブリーフィング（だましがあったことを告げ，その理由を説明し，疑念や不安に対処する手続き）を行わなければならない。
- 利益相反がある場合には，常に何らかの措置がとられるべきである。研究プロトコルから取り除かれるか，あるいは，研究参加者に危険をもたらさないように考慮されるか，どちらかが必要である。
- 守秘義務は研究期間中も終了後もずっと守られるべきものである。これには，研究参加者の個人属性の他，個人の検査結果や評価の結果も含まれる。
- 研究倫理に関するガイドラインの詳細は，データやその収集と発表の仕方に関する学問的誠実性に関係している。

　　　　　もっと知るには？　質問21，23，24を参照。

質問 21

インフォームド・コンセントとは何ですか？
また，どのようなものから構成されていますか？

　インフォームド・コンセントとは，研究の内容，研究参加者の役割，潜在的な危険と利益，研究参加者の権利などの理解を含む最低限の研究方針に，研究参加者が同意する過程のことである。インフォームド・コンセントという概念は，1950年代後半に医学界で初めて用いられた。その始まりは，個人は自己決定の権利を有する，という1891年の米国最高裁判所の言明にある。所属する専門家が人を対象とする研究に取り組んでいるほとんど全ての組織において，インフォームド・コンセントが採用されている。インフォームド・コンセントは，動物からは得られないが，動物が虐待的な扱いを受けないことを確実にするために，類似した手続きが使用されている。

　インフォームド・コンセントの手続きは，通常，研究倫理委員会（Institutional Review Board: IRB）に責任がある。研究倫理委員会は，研究者が各自の研究で使用するインフォームド・コンセントの用紙と手続きを（もちろん研究開始前に）審査し，必要な場合にはフィードバックを与える。実際のインフォームド・コンセントの用紙は研究ごとに，また，機関ごとに異なるが，少なくとも以下のような内容が全て含まれている。

- 研究の目的
- 不参加の選択肢
- 研究の一部として実施される手続きと所要時間
- 潜在的な危険
- 潜在的な利益
- 参加に代わる選択肢
- 守秘義務の説明
- 研究参加者が希望した場合，プログラムの進行に応じて情報を提供すること，また（研究全体の）結果について完全に開示すること

上記の全ての事柄について，過度に専門的な表現は用いずに，十分に理解できる方法で提示される必要がある。研究参加者となる可能性がある人には，内容をよく読んで理解するための十分な時間が与えられなければならない。

もっと知るには？　質問20，24，25を参照。

質問 22

子どもや特別な母集団を対象とする際に，
特に注意を払うべき倫理的問題にはどのようなものがありますか？
また，親や法定後見人に知らせるべきことは，
どのようなことですか？

　インフォームド・コンセントを得ることは，研究の過程で不可欠な要素である。十分な訓練を受けた全ての研究者は，インフォームド・コンセントを確実に得ることが自分の責任であると自覚している。子どものインフォームド・コンセントは，成人と同様に医学界で始まり，1985年のウィリアム・G・バルトロメ博士と米国小児科学会の仕事が端緒となった。

　潜在的な研究参加者として，子どもや，意思疎通あるいは理解に関わる能力が限られている人々などの特別な集団を扱う際には，特別な配慮がなされる。ほとんど全ての子どもは，彼ら自身の"扱われ方"に同意する法的権利を持っていないため，彼らの親や法定後見人が決定しなければならない。事実上，子ども（あるいは，成人の保護監督下にある全ての人）に関わるインフォームド・コンセントは，"代理人による同意"である。言い換えれば，子どものためのインフォームド・コンセントを得ようとする手順は，成人に対して実施されるものに酷似しており，親や法定後見人が用紙に記載されたさまざまな事項を検討するよう求められる。

　子どもが6歳以上の場合は，"アセント（assent）"用紙と呼ばれる，年齢に応じた言葉遣いで研究を説明した書類を用いる研究者もいる。これは，法的な書類ではないが，研究のさまざまな側面について知ってもらい，子どもが研究によりよく関与できるようにするためのものである。ここでは，7歳から12歳までの子どものための用紙の見本を1つ示しておこう。

子どもの研究参加者用アセント用紙の見本
研究題目：おもちゃの選択に対する広告の効果

　ウィリアムズ博士はテレビで見る広告の種類が，プレゼントとして贈ってもらいたいおもちゃの種類に影響するかどうかを調べるための研究を行っています。もし，あなたが，この研究に参加しようと決めたら，次のようなことを経験します。

1. ウィリアムズ博士は，さまざまなおもちゃに関するいくつかの広告をあなたに見せます。
2. あなたは，これらのおもちゃを渡されて，それらで5分間遊ぶことができます。
3. その後，ウィリアムズ博士から，どのおもちゃが今度の誕生日プレゼントとして一番ほしいかを尋ねられます。

この研究に参加した子どもたちは，次のような気持ちになることがあります。

- どの広告も好きではない。
- どのおもちゃも好きではないのに，好きだと感じなければならないと思って困ってしまう。
- 遊んでいたおもちゃがほしくなってしまい，返したくなくなってしまう。

　もし，これらのことを1つでも感じたら，必ず，ウィリアムズ博士に言って下さい。あるいは，あなたのお母さんかお父さんに言えば，ウィリアムズ博士に伝えてくれます。
　もし，この研究に参加したくなければ，する必要はありません。誰も怒らないし，たとえあなたが参加をし始めても，途中でやめたくなったら，いつでもやめることができます。
　分からないことがあれば，どんなことでもウィリアムズ博士や博士の助手のだれかに必ず尋ねて下さい。もし，質問したいことや心配なことがあれば，どんなことでも私たちに知らせて下さい。以下の「はい」もしくは「いいえ」に丸印をつけて，あなたが参加するかどうかを教えて下さい。

　　　はい　　私はこの研究に参加します。

　　　いいえ　私はこの研究に参加したくありません。

　_____
　線の上に自分の名前を書いてください。

　日付　_____

　　　　　　もっと知るには？　質問20，23，24を参照。

質問 23

最も深刻な倫理的問題の実例として，どのようなものがありますか？

　残念なことに，多くの例があり，最も深刻なものを選ぶのは非常に難しいが，米国の国立環境衛生科学研究所のデイヴィッド・レズニックによってまとめられた簡潔なリストがある。それを見れば，最悪の事態がいかに生じうるかを理解することができるだろう。全ての事例において，研究参加者の権利が甚だしく侵害されたり，無視されたりしている。

　これらの事例については，インターネット上で，より詳しく知ることができる。

- 悪名高いタスキギー梅毒研究（1932～1972年）では，米国公衆衛生局の指導のもと，400名のアフリカ系アメリカ人男性を対象に，未治療の梅毒の影響が検討された。研究者たちは，ペニシリン（治療剤）が広く利用可能になっていたにもかかわらず治療をせず，被験者たちに，彼らが実験に参加させられていることを伝えていなかった。
- ドイツの科学者たちは，1939年から1945年までの間，強制収容所に拘束された人々を対象に研究を実施した。
- 1944年から1980年代まで，米国政府は，放射線が人間に及ぼす影響に関する極秘研究を行っていた。被験者たちは，実験に参加させられていることを知らされていなかった。
- ジェイムズ・ワトソンとフランシス・クリックは，1953年にDNAの構造を発見し，その功績によって，1962年にノーベル賞を受賞した。彼らはロザリンド・フランクリンから彼女の許可なしに，DNAの構造発見において重要な鍵を握るデータ（X線回折写真）を密かに入手していた。
- 1956年から1980年まで，ソール・クルーグマンとジョアン・ジャイルズをはじめとする研究者たちが，ウィローブルック州立学校において，発達的に障害を抱える子どもたちを対象に肝炎の実験を行った。実験では，子どもたちを意図的に病気に感染させ，その自然経過が観察された。
- 米国中央情報局（CIA）は，1950年代初頭に，何も知らない研究参加者に対して，幻覚剤（LSD）を投与した。

パート3　研究倫理に関する基礎知識

- 1962年に、スタンレー・ミルグラムは、多くの人々が権威に服従して、道徳的に良くないと思っていることでも進んで行うことを実験的に検討し、証明した。

    もっと知るには？　質問20，24，25を参照。

質問 24

研究倫理委員会(IRB)とは何ですか？
また，それはどのように機能しますか？

　私立大学であれ，国立大学であれ，企業であれ，研究が実施されているほとんど全ての機関において，研究の質を審査するために研究倫理委員会（IRB）が招集される。

　研究倫理委員会は　ほとんどの場合，研究が行われる機関に所属する多様な科学者の集まりであり，構成員全員が研究活動に取り組んでいる。総合大学では，委員会は最大10名程度の教員で構成され，学問領域を問わず，全員が研究に従事している。

　研究倫理委員会の本来の仕事は，研究開始前に研究計画を審査し，計画された実施予定の方法が，研究参加者に何らの危険ももたらさないと承認することである。さらに，実験にだまし（ディセプション）が含まれている場合には，実験や研究が終了した際に，参加者がデブリーフィングを受けることを確実にしなければならない。もし子どもが研究参加者として関与する場合には，この特別な参加者群が保護されていると判断するために，さらなる保証が必要となる。

　その過程は，以下のように進められる。

　研究代表者（principal investigator, P.I.），すなわち，研究の責任者は，研究倫理委員会の審査申請書を作成して，研究計画の承認を得なければならない。これは，研究代表者の所属機関によって要請されるだけでなく，外部機関による研究助成を受けようとする場合にも（連邦政府のような公的なものであれ，私立財団のような私的なものであれ），研究倫理委員会の承認が重要となる。

　次に，申請書が完成したら，その詳細は機関によって異なるが，研究倫理委員会によって審査される。その後，研究倫理委員会によって申請が承認されるか，もしくは，修正について勧告される。

　問題がなければ，研究倫理委員会は研究を承認し，審査の過程は終了する。研究参加者が完全に保護されているかどうかについて，研究倫理委員会が疑問を抱いた場合には，研究代表者は申請書を見直し，再提出するように求められる。研究参加者の安全が甚だしく脅かされるような場合には，申請は却下される。

　研究参加者となる可能性がある，自分で意思決定ができない成人や幼い子どものような特別な集団に関しては，特段の配慮が必要となる。

　　　　もっと知るには？　質問20，22，23を参照。

質 問　25

研究倫理委員会の審査申請書の中で，重要な要素は何ですか？

　大学や企業などの全ての機関には，研究倫理委員会への申請に関する独自の様式があり，多くの場合，場所（たとえば，病院や学校）およびさまざまな種類の参加者（たとえば，成人，子ども，特別な集団）に基づいて異なる様式が用意されている。
　しかし，研究倫理委員会の申請様式はみな，多くの要素が共通している。以下は，研究活動の開始前に申請書を作成する際，考える必要がある事柄の簡潔なリストである。

1. 研究を実施する場所・施設，研究活動を行う具体的な場所
2. 研究倫理委員会への申請について承認を受ける必要がある他の委員会（地域の公立学校や大学の委員会など）
3. 大学や企業など組織内での研究資金の出所に関する情報
4. 研究の目的や方法を説明する250語程度の要約
5. 上記の簡潔な要約よりもさらに詳細な理論的根拠や仮説および方法論などを含む，研究背景の情報
6. 研究参加者集団に関する詳細な説明
7. （投獄されている，特別な移動を必要とするなどの）研究参加者集団への特別な配慮
8. 研究実施場所で一般的に使用されている言語が第一言語でない研究参加者への教示をどのように提示するのか，必要に応じて通訳者が研究に参加するかどうか
9. 研究参加者となる可能性がある人に連絡をとるための手順を含む，参加者の個人情報，および選択基準と除外基準
10. 研究法の詳細な説明
11. 研究参加者への具体的な要求，あるいは要請（研究参加者が行うことになる事柄）
12. 必要な場合には，デブリーフィングのやり方
13. いかに危険性を最小限に抑えるか
14. 潜在的な利益相反に関する申告

　これら14の事項は最小限の要件であり，ほとんど全ての研究倫理委員会の申請様式に含まれているが，さらなる情報も求められるだろう。

　　　　　　　　もっと知るには？　質問20，22，24を参照。

パート4

研究法 ── 専門用語を知り，考え方を知る

質問　26

ここに取り上げられている研究法に関する質問と答えは，一体，どのように私に関係するのですか？

　専門家のまわりには，至る所に論争がある。ここでいう論争とは，あることを教えるために，あるいは親としての仕事をもっと上手にこなすのを支援するために，あるいは看護師がただでさえ限られた時間をよりうまく使うのを助けるために，どの処置やプログラムや方法が最良であるか，などである。

　そうした論点は，研究者によって研究され，最終的に意思決定をする人々によって毎日のように意見が交わされている。おそらくあなたは，自分の仕事の対象となる人々に直接的な影響を及ぼす複雑な問題に関する判断に，数え切れないほど多く直面しているだろう。たとえば，読解を教えたり，親としての関わりを増やしたりするためのある方法が他の方法よりも優れている理由について，同僚からいろいろなことを聞き，その一方で，他の同僚からは逆の内容を聞く，という具合に。

　あなたが何を聞いていようとも，あなたは依然として意思決定に対して責任を持たなければならない。なぜなら，"理にかなった"決定，すなわち，あなた自身やあなたに関わる人々にとって役立つ決定をしなければならないからである。まさに，研究法を理解しているかどうかが問われるところである。

　研究法は，科学的方法で問いに答えるために使用される手段や技法の集合である。研究法に関わる特有の専門用語や，こうした手段の用い方を理解できるようになれば，より的確な判断を下せるようになり，より有能になれる。たとえば，日常生活において親が子どもと深く関わっているほど，子どもの学校の成績はよく，全般的にも良いはずである。そういう子どもたちは良い成績をとり，面倒を起こさず，勤勉である。これらは推測によるものだろうか？　答えは"ノー"である。

　たくさんの研究結果が，上記の通りであることを示している。ある父親があなたに，なぜ自分の子どもの保護者面談に行くことが重要なのかと尋ねてきたとしたら（そして，本当に答えを求めているとしたら），答えることができる。なぜなら，教育に関する多くの研究者たちがこの問いについて体系的に取り組み，答えを提供しているからである。

　したがって，本書で扱う質問と答えの全てがどのように役立つかは，次ページのようになる。

- 体系的に問いを立てて答える過程をより良く理解するのを助ける。
- 親やコンサルタントや，言うとおりに動いてほしいとあなたに望む人々から投げかけられる矛盾する情報，そして，必ずしも正しいわけではない情報を理解し，分析するための手段となる。
- できる限り優れた専門家になるために，本当に必要な情報をより上手く利用できるようになる。
- 最後に，本当の意味で賢くなれる。つまり，世の中に流布するますます多くの情報をより良く理解して行動できるようになる。

もっと知るには？　質問3，6，10を参照。

質問　27

研究したいアイディアが非常に多くあります。どれが最も良いかをどのように決定すればよいですか？

　どのリサーチクエスチョンに取り組むかを決定するには，さまざまなことを考慮しなければならない。以下に，最も重要な10の事項の概要を示す。

1. あなたが学んでいる分野の問題を選ぶようにしよう。これにより，あなたは指導教員の知識を活用することができ，また，学んできた内容をもとに関心をより深めることができる。
2. 自分のアイディアに心を奪われ過ぎてはいけない。確かに，検討しようとしていることに情熱を傾けたいだろうが，一目惚れの場合と同じように，感情のみに基づいた判断は望ましくない。
3. 最初に思いついたアイディア以上のことをしよう。最初のアイディアは，決まって，取り組むのがいかにかっこ良いかということだけを基準に考えられており，一時的にはすばらしそうに見える。しかし，最初のアイディアとは少し異なるものを検討したり，違う内容に移っていく余地を残したりしておく方がよい。
4. 先行研究に基づいた重要なこと，そして，トピックの理解を深めるのに貢献することをしよう。
5. 10個の変数を4年間かけて2000人を対象に研究する，といったことを企ててはいけない。現実的に，妥当な期間内に答えることができるようにトピックを選び，問いを立てよう。野心的でありながらも，理性的であらねばならない。
6. これまでにどのようなことが行われてきたのかを調べ，その上に積み上げよう。全ての研究は，何らかの形で先人の研究に依拠しているのである。
7. 指導教員と密接に連絡をとりながら研究しよう。指導教員は，あなたよりもずっと当該研究領域について知識がある。あなたの研究分野の論文に目を通した後，2週間に一度，指導教員との30分間の面談により，あなたの視野が広がるすばらしい機会を得られる。
8. （実際に）図書館に行くのは良いことである。インターネット上でのアクセスでもよいが，オンライン上で調べていると，ある論文の隣に掲載されている論文に気づけないことがある。

9. 仲間と意見を交換し合おう。彼らが，あなたの取り組んでいる内容についてあまりよく知らなかったとしても，非常に有益な助言をしてくれるかもしれない。
10. 最後に，こうした全ての努力は，研究のための冒険なのだと捉えよう。あなたは，専門領域において知的に成長するために研究に取り組むのだから，たくさんの時間を探究に費やし，しっかりとメモをとり続けよう。

もっと知るには？　質問14, 16, 26を参照。

質問 28

研究活動を始める際に,
1つの小さく限定されたトピックに
焦点を当てるのがよいですか?
それとも,望みを高くして幅広い一般的なものに
目を向ける方がよいですか?
また,図書館が研究活動を始めるために
すばらしい場所であることは知っていますが,
実際にキャンパスの施設に足を運ばなければいけませんか?
あるいは,オンラインで
遠隔アクセスをするのでもよいですか?

　どんな科学的探究においても,比較的初学者である場合には特に,研究したい一般的な領域を知って,ほんの少しだけ高望みをした方がよい。もし過度に一般的になってしまうと,進むべき道を見つけることができなくなるだろう。なぜなら,興味に合致することを考えつくまでに,何年もかけて読み続けなければならないからである。もしあまりに小さなことに目を向けてしまうと,見えるものが森ではなく木となってしまい,全体像を見失うだろう。

　しかし,もっと重要なことには,(研究する内容を予めはっきりと決め)興味を持って読んでいる内容の中で焦点を当てるべき落とし所を探す際に,重要かつ"大きな影響力を持つ"トピックで,今後の研究として大きな可能性があるものをいろいろと考えてみることができる(それは楽しく贅沢なことである)。

　インターネット上での情報収集か,キャンパスや街中の図書館への訪問か,ということに関しては,予備的な文献レビューをする時も,あとで必要となる情報を収集する時も,両者を使って探索すべきである。あなたが探しているものについて"はっきりと"分かっている場合,インターネット上での検索に勝るものはない。仮に,学習スタイルと成績との関連に関する参考文献を必要としているならば,あなたの望むものや必要とするものをインターネット上で上手く見つけることができるだろう。

　しかしながら,図書館(そして書架)を実際に見て回ることに取って代わるものはない。あなたの関心のある領域の書架に行き,選書(あるトピックに関連する章や小論の抜粋集)に目を通していると,偶然に,あなたが見ている文献の隣にある書籍にも目が留まったり,あなたの興味をかき立て,あなたの議論や研究にぴったりと当てはまる重要な点が記されている,今まで知らなかった学術論文に出くわすことがある。

両方を試してみるとよい。図書館でどんな人に出会えるかも（行かなくては）分からないのである。

もっと知るには？　質問10, 12, 18を参照。

質 問　29

帰無仮説とは何ですか？
また，なぜそれが重要なのですか？

　帰無仮説とは，差がない，あるいは関連がないことについて述べた命題である。たとえば，2つの集団の平均値が等しい，2変数がお互いに無関連である，あるいは，2つの集団間の差はゼロに等しい，といった命題は，全て帰無仮説を反映している例である。

　帰無仮説には2つの目的がある。

　第一に，それらは出発点となる。2変数間の関連について他の情報（たとえば，両者が関連しているかどうかについて）がない場合，研究者は研究の最初の時点で，ひとまず，両変数には関連がないと仮定しなければならない。それが最も中立的で公平な立場であり，そこから研究活動を始めるのである。

　第二に，帰無仮説は，結果（研究仮説に関する実際の検証結果）を比較する際の基準となる。それは，実際に行われた実験の結果を比較する基準であり，得られた結果が実質的に帰無仮説とは異なるかどうかについて判断が下される。

　これら両方の目的がどのように機能するのか，例を挙げて見てみよう。

　仮に，研究者が，職務上の習慣の質と生産性との関連を知りたいとしよう。そこで，これらの変数について信頼性と妥当性のある測度を用いて測定する。適切な帰無仮説の1つは，職務上の習慣と生産性との間に関連はない，というものだろう。

　研究者の仮説（1つより多いこともありえる）は，これらの2変数には関連がある，というものになる。たとえば，職務上の習慣の質が向上すると生産性も高まる，というような関連である。

　帰無仮説は出発点としての機能を果たす。すなわち，研究者は，これらの2変数間の関連について何も分かっていないのだから，職務上の習慣の質と生産性とは無関連であり，ある変数における変化が他の変数に影響を及ぼさない，と仮定しなければならない。そして，この帰無仮説はまた，基準としての機能も果たす。なぜならそれは，研究者が収集したデータに基づいて実際の研究結果を比較する際の参照点とされ，差異が偶然によって生じうる程度よりも本当に大きいかどうか確かめる規準になるからである。

　　　　　　　　もっと知るには？　質問8，9，30を参照。

質問 30

研究仮説とは何ですか？
また，どんな種類がありますか？

ご承知のように，帰無仮説は差や関連がないことに関する命題であり，直接検討できない母集団に適用される。

研究仮説は，"仮説という名のコイン"の裏側である。研究仮説は，差や関連があることに関する命題であり，それには2種類ある。

1つめは，方向性のない研究仮説である。これは，2つの標本の統計量（2つの平均値など）の間に差がある，ということを表す。この場合，帰無仮説は，差がない，というものになる。方向性のない研究仮説の例として，たとえば，自傷行為に対する認知療法の効果は心理療法の効果とは異なる，というものが挙げられる。研究発表の中では，以下のように表されているのを目にするかもしれない。

$$H_1 : \bar{X}_{CT} \neq \bar{X}_P$$

式の中で，H_1 は1つめの研究仮説であること（1つよりも多いことがあり得る）を，CT は認知療法を，P は心理療法を，それぞれ表している。

2つめは，方向性のある研究仮説である。これは，2つの標本の統計量（2つの平均値など）の間に差があり，その差には方向（他方よりも大きい ">"，あるいは小さい "<"）がある，ということを表す。方向性のある研究仮説の例として，たとえば，男性の退職年齢の平均値は女性の退職年齢の平均値よりも大きい，というものが挙げられる。研究発表の口では，以下のように表されているのを目にするかもしれない。

$$H_1 : \bar{X}_{Men} > \bar{X}_{Women}$$

研究仮説とは，一体何なのだろうか。それは，設定された最初の問いやその問いに関わる実験の目標を反映し，私たちの研究を導いてくれるものである。どんな研究でも複数の実験が実施され得り，それぞれの実験の複雑さはさまざまである。関与する変数が多いほど，研究仮説の数は増え，仮説の内容も複雑になる。

もっと知るには？ 質問3，9，29を参照。

質問 31

帰無仮説と研究仮説は，どのような点が類似しており，どのような点が異なるのですか？

　最初に，類似している点を見ていこう。

　帰無仮説も研究仮説も，変数間の関連に関する命題である。帰無仮説は，差や関連がないことに関する命題である（例：母集団1の平均点は母集団2の平均点と等しいであろう）。研究仮説は，差や関連があることに関する命題である（例：母集団1の平均点は母集団2の平均点よりも高いであろう）。

　類似点は以上である。以下では，両者がどのように異なるのかを見ていこう。

1. 帰無仮説はどのような研究においても最初に設定される仮説である。研究仮説はしばしば，対立仮説と呼ばれる。
2. 帰無仮説も研究仮説も，母集団について言及しているため，決して直接的には検証されない。帰無仮説が"真"か"偽"かについては，実験の結果を基に統計的検定によって推測される。
3. 帰無仮説でも研究仮説でも母数（母集団の特性値，パラメーター）はギリシア文字（σ〔シグマ〕やμ〔ミュー〕など）で表される。ただし，研究仮説の検証過程で標本（標本のパラメーター）に言及する場合には，sやMといったアルファベットで表される。
4. 仮説の検定には，誤差の水準，すなわち有意水準が必要となる。
5. 帰無仮説は研究の出発点としての機能を果たしており，何も情報がない状態では，変数間に差や関連はないと仮定される。
6. 帰無仮説は結果を比較する基準としての役割を果たす。比較される結果は，研究仮説の検証のために収集されたデータから得られる。
7. 研究仮説の検証のために統計的検定が行われ，（差がないという）帰無仮説を採択するか，帰無仮説を棄却して研究仮説を採択するかが判断される。

　　　　　もっと知るには？　質問3，29，30を参照。

質問 32

どうしたら良い研究仮説を作ることができますか？

　研究仮説を良いものにするための規準がいくつかある。以下で紹介する規準に従うことによって，良いスタートを切ることができるだろう。

1. 良い仮説は，疑問文ではなく，宣言的な文章（平叙文）で表される。"水泳選手は陸上競技選手よりも強いだろうか？"は宣言的ではないが，"水泳選手は陸上競技選手よりも強い"であれば宣言的な文章となる。
2. 良い仮説は，変数間に予想される関係を仮定し，その関係性を明確に表す。たとえば，"親と一緒に1週間に3時間の読書をしている子どもたちは，そうした読書をしていない子どもたちよりも，読解力テストにおいてより高い得点をとる"という研究仮説は，読書の時間とテストの得点との間の明確な関係を述べている。
3. 仮説は，土台となる理論や文献を反映している。良い仮説は既存の文献や理論としっかりつながっている。上記の例に関しては，子どもたちへの読み聞かせが彼らの理解力を向上させる方法の1つであることを示す文献があると考えられる。仮説はそのアイディアの正しさを確かめるためのものである。
4. 仮説は簡潔で的を射たものでなければならない。研究仮説には変数間の関係が可能な限り直接的で明確に表されていることが望ましい。
5. 良い仮説は検証可能な仮説である。これは，仮説に反映されている問いの内容を実際に試すことができるという意味である。たとえば，親との読書の時間や読解力のテスト得点は全て客観的であり，確実に具体化され数値化されうる。
6. 最後に，良い研究仮説は上述した事柄を全て兼ね備えており，その仮説がより大きなリサーチクエスチョンの中にどのように位置づくのかを容易に想像することができる。そうした仮説を読めば，読者は研究の方向性やその検証が示唆することを良く理解できるはずである。

　　　　　　もっと知るには？　質問9，29，30を参照。

質問 33

研究法の「至適基準」とは何ですか？

　特に，実験結果を重んじる学問領域には，研究法の有効性や潜在的な価値を評価できるさまざまな測度がある。科学的方法は，研究法の至適基準，つまり，新たな問いに対する研究法の標準とされる。

　基本的に，科学的方法は，実験を通して収集される観察可能な実証的データを必要とし，これらのデータは仮説や知識に基づく推測を反映している。具体的には，科学的方法は次の6つの段階からなる。

- ステップ1では，研究者が研究を完了すれば答えを得られるであろうリサーチクエスチョンを設定する。
- ステップ2では，研究背景の調査を実施する。ここでは，同じトピックに関する先行研究を概観し，新たな研究がどのように先行研究の延長線上に位置づけられるのか全体的な視点を得る。
- ステップ3では，研究仮説を設定する。これにより，検証される変数が定義される。
- ステップ4では，仮説を検証する。この際，仮説を明確に扱う方法を検討したり，**どのような変数がどのように検証されるのか**を（できる限り）客観的に定義することも必要となる。
- ステップ5では，データを分析し，分析から導出された結論をまとめる。
- ステップ6では，関心を持ちそうな研究者のコミュニティ全体に向けて，今後の研究の方向性を含めて，結果を発信する。

　科学的方法に関する最も興味深い事柄は，科学的方法が，量的モデルや質的モデルといった現在使われているさまざま研究モデルのいずれかと必ずしも結びついているわけではないことだろう。要は，これまでに知られていない情報を明らかにする方法として，方法の背後にある哲学がどのようなものであろうとも，観察と検証を統合的に行うことが重要なのである。

　　　　　　　　もっと知るには？　質問3，4，31を参照。

質問 34

どの方法がどのタイプの問いに適しているか，分かりやすく説明してもらえますか？

既に分かっているだろうが，問いの種類が異なれば，利用される研究モデルも異なる。たとえば，概念的思考のテストとその訓練をした時間との関連のように，変数間に関連があるかどうかを見出すには相関モデルが使用される。また，実験モデルは変数間の因果関係を検討する際のモデルであり，たとえば，ある種の介入プログラムがアルコール摂取を減少させる効果について検討するのに用いられるだろう。

以下に，簡単な概要を示す。

関心の対象	第一選択として（最初に実施すべきと）考えられる方法
物事の現在の性質についての記述	記述的
過去の出来事が現在の出来事とどのように関連しているのかの記述	史的
変数間の関係性の理解	相関的
個人や組織や現象に関する独自の要素や社会的文脈	質的
変数間の因果関係	実験的

ただし，リサーチクエスチョンを基に仮説や方法を検討する際には，以下の事柄に留意しよう。

1. リサーチクエスチョンが方法の選択を導くのであって，その逆ではない。
2. これらのモデルは，出発点であり，1つの枠組みでもある。その枠組みの中で，一連の変数を明示し，変数間の潜在的な関係性を明らかにする研究計画を立てる。
3. 上記の表中の右の列に，"第一選択として"という言葉が含まれている理由は，満足のいく答えに到達するために複数の方法を使う必要があることが研究上の問いにはつきものだからである。

4. どの方法も単独では不十分である。どんな研究にも，1つの方法では扱いきれない，多くの要素が常にある。

もっと知るには？　質問4，15，38を参照。

質問 35

変数の種類にはどのようなものがありますか？
また，それらは何に用いられますか？

変数とは，さまざまな値をとりうるものとして定義されうる。

たとえば，病院内での術後感染数や，ミルウォーキーで生活保護を受けている労働者の人数は変数である。新設の工場で生産されるトヨタ車の数もまた変数である。変数ではないものは，変化せず，1つの値しかとらない。たとえば，あなたの住所の番地は変わらない。つまり，それは変化しないし，変数でもない。

変数は研究者に検討されるものであり，さまざまな種類がある。後で（実際には次の質問）でより詳しく述べるが，さしあたり，さまざまな変数に関する基本的な考え方をいくつか説明しよう。

独立変数とは，実験研究あるいは準実験的研究において操作されるものであり，いくつかの水準を持つ変数として定義される。水準とは，たとえば，学年などであり，研究者がその水準間に差があるかどうかを検証するために定義するものである。

何に関する差なのか，と言うと，研究者にとって効果や影響を観察するのに興味があるものであれば，どんなものでも当てはまる。このような結果にあたる変数は，従属変数として知られている。もし，研究者が，小学校6年生，中学校3年生，高校3年生の生徒たちの友人の数に関して学年による違いがあるかどうかを検討することに興味があるとしたら，友人の数は従属変数，学年に関する3つの値が独立変数ということになる。

違う種類の重要な変数に，調整変数がある。調整変数は，他の複数の変数に関連し，他の変数間の関連の強さに影響する変数である。たとえば，もし性別（男性もしくは女性）が筋力と思春期が始まる年齢という両方の変数と関連するとしたら，それは調整変数である。筋力は思春期が始まる年齢と関連するが，性別はその両者と関連するため調整変数となるのである。

もっと知るには？　質問9，36，38を参照。

質問 36

独立変数とは何ですか？
また，それは，研究の過程において
どのように用いられますか？

　既に分かっているだろうが，さまざまな種類の変数があり，それら全てが研究において重要な役割を果たしている。

　独立変数には，異なる処置を反映するいくつかの水準がある。その水準の違いが，結果すなわち従属変数に及ぼす影響について，研究者は検証したいのである。たとえば，ある研究者が，3種類の印刷された広告（すなわち，カラー印刷，白黒印刷，および両者の組み合わせ）に応じて売り上げに違いがあるかどうかを検討したいとしよう。この場合，1つの独立変数，すなわち広告の様態に，3つの水準があるということになる。研究が実施されれば，研究者はこれら3つの水準間に差異があるかどうか，もしあるとしたら，どれが最も大きな売り上げにつながるのかについて結論を下すことができるはずである。視覚的に分かりやすく表すと，この実験計画は次のように示される。

一要因計画

広告の様態		
カラー印刷	白黒印刷	カラー印刷と白黒印刷の組み合わせ
販売数	販売数	販売数

　上述の例は独立変数が1つだけの実験計画（一要因計画と呼ばれる）であるが，独立変数が1つより多い研究もよくある。たとえば，上述した広告様態の違いが売り上げに及ぼす効果に興味を持っている研究者が，以下に示すように，第二の変数，すなわち識字能力のレベルにも関心があるとしよう。これは，二要因，もしくは二元配置の計画となる。1つめの要因（広告呈示の様態）は3水準であり，2つめの要因（識字能力のレベル —— 高，中，低）も3水準である。これは一般に，それぞれの要因ごとに3条件ある3×3の二元配置の実験計画（二要因の実験計画）として知られている。

　全ての研究において，独立変数が設定される際には，そのさまざまな水準が，ある結果変数に及ぼす影響を検討することが目的となる。この計画を視覚的に分かりやすく表すと，次ページのようになる。

二要因計画

		広告の様態		
		カラー印刷	白黒印刷	カラー印刷と白黒印刷の組み合わせ
識字能力のレベル	高	販売数	販売数	販売数
	中	販売数	販売数	販売数
	低	販売数	販売数	販売数

もっと知るには？　質問35，37，38を参照。

質問 37

従属変数とは何ですか？
また，従属変数の選択や使用の際に，
研究者が注意すべきことは，
どのようなことですか？

　従属変数は，ある1つの（あるいは複数の）独立変数が効果を持っているかどうかを明らかにするために用いられる。また，従属変数は，調査の結果のように，操作する独立変数が存在しない場合の結果の測度にもなり得る。

　従属変数の選択や使用を検討する際に留意すべき重要なことがいくつかある。

　第一に，従属変数は独立変数と関連しており，その変化に鋭敏であることが望ましい。このため，もし独立変数があるとしたら，その効果が現れるだろうということを，研究者は可能な限り確信しているべきである。たとえば，研究者がある運動プログラムに関して10代の若者の肥満に及ぼす影響を検討しようとしているとしたら，体重の増減はよく関連する適切な結果になると思われる。ある運動プログラムが10代の若者の肥満に及ぼす影響を検討する際に，大学進学希望などの従属変数を用いることもできるが，体重の増減と大学進学希望とは，密接には（そして意味がある形では）関連しなさそうである。

　第二に，複数の従属変数を研究で使用する場合には，それらは，できる限り互いに関連しないものにすべきである。上述の研究のために，体重の増減はとても良い従属変数となるだろうが，カロリー摂取量などの別の類似した従属変数を使用するのは，互いに重複しているため，非生産的だろう。

　最後に，どのような従属変数が使用されようとも，関心のある内容について信頼性と妥当性を有した測度であらねばならない。信頼性の乏しい従属変数を使用すると，処置が効果的であるかどうかが正確には反映されない。なぜだろうか？　もし，変数に信頼性がなければ（それゆえ，妥当性もないことになるが），研究者は従属変数の変化（あるいは変化がないこと）が従属変数の測度の不備によるものか，処置の実際の効果なのか分からないからである。

　　　　　　　もっと知るには？　質問35，38，39を参照。

質問 38

独立変数と従属変数との間の関係性は，どのようなものですか？

非常に興味深い質問である。以下の方程式を使って簡潔に表し，理解をしてみよう。

$$従属変数 = （独立変数1，独立変数2\cdots）の関数$$

もしくは

$$dv = f(iv_1, iv_2, ...)$$

この公式が表している内容は，従属変数の値が，1つあるいはそれ以上の独立変数における変化の関数になっている，ということである。この方程式には，2つの独立変数が記されているが，理論的には，3つや4つ，あるいはそれ以上になる場合もありうる。しかし，この話はまた後ですることにしよう。

ひとまずここでは，その関係性がいくつかの点において特別なものであることを理解する必要がある。

第一に，この公式は，1つあるいはそれ以上の独立変数が従属変数に影響を及ぼすかどうかを調べるために検討される，という実験方法の骨子を表している。たとえば，研究者は（雇用の有無や雇用の形態といった）職業的身分における違いが自尊心に及ぼす影響の有無について検討することに興味を持っているかもしれない。

第二に，それぞれの独立変数は，互いに独立していなければならない。これは，それぞれの独立変数が，従属変数の変化を理解するのに役立つ独自の情報を提供することを保証するためである。たとえば，研究者が職業的身分を研究することに関心があるとしたら，おそらく所得は独立変数には含めないだろう。なぜなら，失業中の人々のほとんどは現在の収入源がなく，雇用されている労働者のほとんどは収入源があるからである。職業的身分と収入源は類似した種類の情報を提供するため，かなりの重複があると言える。

第三に，複数の独立変数がある場合には，互いに交互作用することがしばしばありうる。たとえば，職業的身分と年齢は単独では自尊心の程度と関連しないかもしれないが，（比較的若い失業中の参加者と，より年配の就業中の参加者との対比のように）両者がともにはたらくことで，従属変数に対する効果が生まれる可能性がある。

最後に，独立変数が多ければ多いほどより多くのことを説明でき，多くの独立変数を用いることが良い方法だと考えてしまうかもしれない。この考え方の問題は，結局のところ，独立変数が（前述した第二の理由よりもよりいっそう）互いに重複し，不必要な重複データを収集するために高額の費用がかかり，軽視できないほどの時間と資源の無駄になりかねないことである。

　要するに，研究者には独立変数の変化に鋭敏な従属変数が必要であり，独立変数が複数ある場合には，互いに関連がないものでなければならない。

もっと知るには？　質問35, 39, 84を参照。

質問 39

実験では，どうして統制群や実験群という概念が，科学的方法だといえるのですか？

　実験研究は，社会科学や行動科学において因果関係を検討するために最も頻繁に用いられる研究モデルである。このタイプの研究の形式は，多くの場合，以下のような手順で行われる。

1. 研究参加者となりうる人々の母集団が同定される。
2. （1つもしくは複数の）標本が母集団から抽出される。この時，標本が母集団の性質を代表することを可能な限り保証できるようにする。
3. ある標本内の研究参加者それぞれが，ある1つの処置を受ける実験群に割り当てられる。実験において検討する処置がいくつかある場合には，それらの処置の中の1つが，ある1つの実験群に施される。
4. 別の標本の研究参加者は，処置を受けない統制群に割り当てられる。
5. 処置が完了したら，実験条件への暴露が実験群と統制群の間の得点差をもたらしたかどうかを検討するために，各群のそれぞれの研究参加者は，いくつかの種類の評価を受ける。

　このタイプの方法の背後にある論理は，同一母集団から抽出された実験群と統制群は，特性や偏り，傾向など，全て同じものを共有しているはずである，という考え方である。もし，母集団の10％が失業中であり，また47％が男性であるならば，（標本抽出が正確に行われていれば）こうした特徴が各標本にも同様に反映されているはずである。

　したがって，もし一方の群がある条件（処置と呼ばれるもの）に暴露され，他方が暴露されない（すなわち統制群）のであれば，両群間における違いは全て処置の効果に起因するはずである。

　これはかなり基本的な説明であり，やや単純でもあるが，この論理は実験群が1つの場合でも，いくつかある場合でも，変わらない。正しく実施されれば，あらゆる群間に見られる差の検討によって，処置が結果に関連しているかどうか明らかにできるはずである。

　　　　　　　　もっと知るには？　質問3，33，84を参照。

パート5
標本抽出の考え方と問題点

質問 40

標本と母集団の違いは何ですか？
また，なぜ標本は重要なのですか？

　標本とは母集団から抽出されるものである。

　母集団とは，研究者が関心を持っている特定の特性を有する人の総体である。コミュニティ・カレッジの学生，レーシング・カーのドライバー，教師，大学生競技者，身体障害のある退役軍人などは，全て，母集団と見なされうる。標本抽出は科学として完璧な部分ではないため，しばしば標本の値と母集団の値との間に違いが生じる。これは標本誤差と呼ばれ，この種のエラーを最小限に抑えることが研究者の責務となる。

　標本は母集団の一部である。上記の例では，ニューハンプシャー州の3つのコミュニティ・カレッジの学生は適切な標本を構成するだろうし，また，ベトナム戦争中に特定のタイプの負傷をした軍人も適切な標本となるだろう。

　標本が重要な理由は，科学的研究の多くのモデルにおいて，ある研究プロジェクトのために母集団のメンバー**全員**を研究することが（方法的な観点でも，資源的な観点でも）不可能だからである。そうするには，費用がかかりすぎるし，時間もかかりすぎる。それよりもむしろ，（標本を構成する）小数の研究参加者を，標本が母集団を代表するように選べばよいのである。この場合，標本から得られた結果をもとに母集団が推定される。これは，まさしく推測統計の目的であり，より小さな研究参加者集団に関する情報を，参加者に該当する者全体を推測するために使うのである。

　標本には無作為標本，層化標本，便宜的標本（これらについては後に詳述する）など，多くのタイプがある。しかし，これらは全て，より小さな集団（標本）がより大きな集団（母集団）を代表するように，参加者の条件や特性に当てはまる全ての人たちから，研究参加者となるより小さな集団を正確に作り上げることを目的としている。

　　　　　　　　もっと知るには？　質問39，41，42を参照。

質問 41

標本抽出は何のためにするのですか？
また，その過程ではどのような失敗が起こり得ますか？

標本抽出には，1つの主たる目的がある。すなわち，潜在的な研究参加者全員から成る母集団全体を代表するように研究参加者の集団を抽出することである。標本は常に母集団よりも小さく，母集団を代表するように標本が抽出されるよう，懸命に努力をしなければならない。

代表性は推測統計の基礎であり，推測統計では，標本から得られた結果が，標本抽出のもととなる母集団に一般化すなわち適用される。

たとえば，ある研究者が，60歳から70歳までのデスクワークばかりで運動不足の成人に対する運動介入プログラムの効果を研究することに関心があるとしたら，デスクワークを主とした仕事に就いている特定の年齢層の成人全員という非常に大きい母集団から，ある特定のサイズの標本を抽出することになるだろう。標本から作られるいくつかのより小さい集団には，処置が施される（あるいは，統制群の場合は，処置が施されない）。実験が実施されると，研究者は標本を基に研究の結果を解釈し，それらを母集団に一般化する。標本抽出がよりきちんと（つまり，より正確に）行われるほど，母集団に対する結果の適用可能性がより大きくなる。実際，標本を使ったあらゆる研究結果の一般化可能性は，標本抽出が正確に行われた程度によって決まる。

どのような失敗が起こり得るのか？　かなりたくさんあるが，最も深刻なものは以下の2つだろう。

1つめは，標本の抽出が正確に行われず，標本が母集団を代表していないことである。たとえば，全ての人に対して平等な機会を保証する方法で研究参加者を選出するのではなく，研究者が個人的に知っているという理由から研究協力を依頼した最初の30人を研究参加者として選ぶような場合である。

2つめは，標本があまりにも小さすぎて，研究参加者たちが母集団を代表しない可能性が高まることである。

これらのエラーは両方とも，標本から母集団への一般化（ほとんど全ての場合における推測統計の目的）を行う際の不正確さにつながりうる。

　　　　　　　　　もっと知るには？　質問28，39，42を参照。

質問 42

標本誤差とは何ですか？
また，それはなぜ重要なのですか？

　標本誤差とは，標本の統計量の値と母集団の値（母数）との間の差のことである。別の言い方をするならば，クリーブランド州の1高校の在学生（標本）のSAT得点の平均値を算出した場合，アメリカ全土の全ての高校生（母集団）のSAT得点の平均値との間に差があるだろう。その差が，標本誤差の大きさであり，標本抽出の過程が決して完璧ではないことを示している。（標本抽出が正しく行われなかったことを正確に反映しているとも言える。）

　理論的には，標本誤差は全ての可能な標本と母集団の測定値との間に見られる差の平均である。標本誤差の値が小さいほど，標本抽出の過程がより正確であることになる。もしその値がゼロと等しければ標本抽出が完璧であることになり，興味のある変数について，標本は完璧に母集団と一致しており，（標本と母集団の）差を気にしなくてもよいことになる。

　実際には，母集団の値は分からないので，標本誤差は，測定された標本統計量の確率分布（標本分布）の標準偏差（それらにどの程度ばらつきがあるか）と標本サイズに基づいて判断される。標本間のばらつきが小さいほど（それらがより類似しているほど），標本誤差は小さくなる。これは，多くの標本間でばらつきが小さければ，全体的に標本の値が母集団の値をより正確に反映することになるからである。

　個々の標本サイズが大きいほど，標本誤差は小さくなる。これは，標本サイズが大きくなるにつれて，母集団の質を偏りなくより正確に反映するようになるからである。では，なぜ母集団全体を測定しないのかと言えば，費用がかかりすぎる上に，必ずしも必要ではないからである。

　（標本抽出が正しく行われているならば）標本は常に母集団を反映できる十分な大きさであるはずだが，時間や資源を無駄にするほど標本が大きすぎてもいけない。

　　　　　　　もっと知るには？　質問41，47，48を参照。

質問 43

標本抽出の種類にはどのようなものがありますか？

標本抽出とは研究参加者の集団を選出する過程であり，この小さな集団が潜在的な参加者全員から成る母集団全体を代表するように，標本抽出が行われる。これが重要な理由は，標本抽出によって，より小数の研究参加者を対象として研究を実施することができ，また，もし標本抽出が正確に行われれば，それらの結果から研究参加者の母集団について確信を持って推測できるからである。

標本抽出には多くの種類があるが，ここでは，最も重要なものについて，いつ使うべきかとともに概要を述べる。

標本抽出のタイプ	いつ使うべきか
単純無作為抽出法	母集団が均質（集団内のメンバーが非常に類似している場合）で，検討しようとしているリサーチクエスチョンでは，母集団の特別な特性に対して注意を払う必要がない場合。
層化無作為抽出法	研究する変数と関連する特性を持つ潜在的な研究参加者が母集団に含まれている場合。たとえば，男児と女児における早期の言語スキルの発達を研究する場合，その標本抽出には注意が必要である。なぜなら，関心のある変数（言語スキルの発現）が性別に関連しているからである（女児は通常男児よりも有意に早く言語スキルを獲得する）。
集落抽出法（クラスター抽出法）	個々の研究参加者ではなく，類似した調査単位となる集落あるいはグループに興味がある場合。たとえば，アメリカの全ての老人ホームを代表するようないくつかの老人ホームを選出して調査をする場合。
便宜的抽出法	標本が抽出される基になる参加者集団に近づきやすく，選出するのも簡単である場合。たとえば，小さな製造工場や政党の集会など。
割当抽出法（クォータ法）	朝の通勤バスに乗車する最初の20人といったように，他の特徴に関わらず，特定のサイズの標本が抽出される場合。

もっと知るには？　質問40，41，42を参照。

質問 44

無作為抽出とは何ですか？
また，なぜそれほど有用なのですか？

　さまざまな標本抽出の方法があるが，研究参加者の選出が正確に母集団全体の傾向を表すことを確かにする最も良い方法の1つは，研究参加者を無作為に抽出する方法である。

　標本が無作為であることを確かにするためには，2つの条件を満たしている必要がある。

　1つめの条件として，研究参加者それぞれが，標本の一部として選ばれる確率（チャンス）を等しく持っていなければならない。もし母集団がトライアスロンに参加している1000人の女性であれば，1000人の女性のそれぞれが，選ばれる確率を等しく持っていなければならない。つまり，あるレースに登録した最初の50名の女性では無作為標本にはならないのである。なぜならば，残りの950名の登録者たちは，選ばれる機会を決して持てないからである。

　2つめの条件として，研究参加者それぞれが独立した確率で選ばれなければならない。つまり，もし研究者が1000人の登録者のうち，登録順序の20番目ごとに（合計で50人になる）研究参加者を選ぶとしたら，無作為標本にはならない。なぜなら，1番から19番まで，そして21番から39番までといった女性には選ばれる可能性がないからである。

　したがって，母集団に含まれる参加者それぞれが選ばれることに対して，等しく，また独立した確率を持っていなければならないのである。

　しかし，なぜ，無作為抽出法が他の抽出方法よりもはるかに良く，他の制約がなければ最も推奨されるのだろうか。それは，無作為標本が，標本抽出の過程で作られる集団全てに対して，潜在的に偏りが生じうるあらゆる特徴を最もうまく分散させる方法だからである。たとえば，もし，65％の女性が経験を積んだトライアスロン競技者なのであれば，その割合が無作為抽出法を用いて作られた全ての群（実験群や統制群など）にも等しく共有されていることが期待される。

　　　　　　　もっと知るには？　質問40, 42, 48を参照。

質問 45

層化無作為抽出法はどのように役立ちますか？また，いつ使うべきですか？

　層化無作為抽出法は，無作為抽出法の特別なタイプである。無作為抽出法の全ての基準（研究参加者が母集団から選ばれる際の確率が等しく，相互に独立であること）が当てはまるが，他の特徴もある。標本が選出される基になる母集団が，研究している変数に何らかの関連があるいくつかのグループ（層という）から構成される場合（これが最も重要な部分である），標本を層別化しなければならない。

　たとえば，ある研究者が，25歳から34歳の若年成人の集団における政治的野心について興味を持っているとしよう。文献では，若年成人は，政治問題について，性別によって異なる意見を持つ傾向がある，とよく知られている。また，経済的階級によっても，さらに別の変数である教育水準の違いによっても，同様のことが言われている。ここでは，重要な結果変数は政府に対する態度であるとしよう。

　これらの3つの要因（性別，経済的階級，教育水準）は（他の関連する研究の報告によると）大きな政府に対する個人の態度に関連している。そのため，男性や，経済的階級の低い人々，教育水準の低い人々という標本の一部分の割合と，標本が選出される基になる母集団全体における若年成人の中の当該事項の割合とを一致させる必要がある。

　このようなさまざまな変数は，層状の堆積岩の中にある層のようなもので，その岩の試料（標本）を採取することによって，岩全体（母集団）の中に存在する層と類似した割合をもつ一部を得られるはずである。層化無作為抽出法が非常に有効な理由は，無作為抽出の有効性を生かしつつ，関連するさまざまな特性を持つ研究参加者たちを扱うような状況にもうまく対処できるからである。

　　　もっと知るには？　質問41，42，43を参照。

質問 46

研究の一部となる研究参加者の標本が，より大きな集団（研究結果が重要であろう人々）を正確に代表していることをどうすれば確信できますか？

　これはまさに，実験を計画する時にあらゆる研究者が直面する難題である。研究結果をより大きな母集団に対して最大限に一般化できるようにするために，目標とすることは母集団にできる限り類似している標本を抽出することである。どうすればそうできるだろうか。以下に，留意すべき点をいくつか示す。

1. あなた自身のリサーチクエスチョンや仮説，そして文献のレビューを完璧にし，研究に参加してほしい対象を同定できなければならない。たとえば，もし10代の若者たちの高校卒業後の就職願望について検討しているとしたら，正確にその母集団に焦点をあてなければならない。
2. 標本を抽出する基となる母集団の性質をよく知っていなければならない。近々職探しをするであろう10代の若者たちに興味がある場合，職を得たいと実際に望んでいる若者だけを対象にしたいわけだが，まったく関心を示していない若者たちもいるのである。
3. 標本の統一性を乱す変数がないかを確認する必要がある。別の言い方をすると，標本は可能な限り均質であること，つまりは母集団のメンバーが可能なかぎり類似していることが望ましい。
4. 最後に，可能であれば，外れ値（並外れて弱いあるいは強い対象者，たとえば就職を志望しているが決して雇用されないであろう者や，既に仕事に就いている者など）は，参加者を選び出す基になる参加者プールから取り除いておくことが望ましい。そうした外れ値は，標本を歪める可能性があり，母集団に対して結果を一般化できる程度を損なう恐れがある。

　　　　　　　　もっと知るには？　質問41，43，48を参照。

質問　47

標本サイズの重要性について，いろいろ聞いたことがあります。それは一体どのような意味があるのですか？

　母集団に結果をうまく一般化するためにはどの程度の大きさの標本が必要かという問いは，常に持ち上がる問題であり，答えはさまざまな要因によって変わる。どの程度の大きさの集団を扱うべきかを決める要因とは何だろうか。

1. 現実的に考えよう。各群が30人程度となるように研究参加者を割り当てることができれば，十分うまくいくだろうから，標本サイズはその程度に抑えればよい。
2. 類似したリサーチクエスチョンを扱っている他の研究を見習おう。公刊されている文献は，何をするのが正しく，また，何をしてはいけないのかを知るための最も良い参考資料である。研究しているトピックと標本の特性が分かっていれば，適切な標本の大きさに関する指針として先行研究を利用することができる。
3. 予測される集団間の差が大きければ，各群に対して必要な標本サイズは比較的小さくてもよくなる。これは，大きな差の方が小さな差よりも，よりはっきりしているからである。たとえば，1年生の身長と6年生の身長との間に違いがあるかどうかを検討することに興味がある場合，間違いなく，各群に30人の子どもたちは必要ない。それどころか，3人か4人でも十分である。なぜなら，典型的な発育過程にある子どもたちにおいて，どんな1年生でも最も身長の低い6年生より背が高いという可能性はきわめて低いからである。
4. 逆に言うと，群間に見られると考えられる差が小さいほど，何らかの差が実際に存在するかどうかを示すためには，より大きな標本が必要となる。たとえば，言語の集中訓練プログラムによって語学力は向上するが，それほど大幅な変化ではないと考えられるとしたら，その違いを示すためにはより大きな標本（母集団のサイズにより近い標本）が必要となるだろう。

5. 現実の世界にいることを忘れてはならない。特別な集団，たとえば，障害を持つ子どもたちや90歳よりも高齢の人々，主夫業をしている父親たち（いまだ，一般の親たちの中ではごく一部である）を扱う場合，多くの研究参加者を見つけるのは難しいだろう。こうした状況下で最善をつくしても，そうした結果の一般化可能性はいくぶん限られてしまうことを理解すべきである。

もっと知るには？　質問41，42，44を参照。

質問 48

標本の大きさはどの程度であれば十分ですか？

　これは重要な質問である。なぜなら駆け出しの研究者の多くは，より大きいことが常により良いことであり，標本が大きいほど研究の最終結果がより良いものになると考えるからである。しかし，そうではない。

　標本が大きいほど，母集団をよりよく代表しているものになるだろうし，標本誤差がより小さくなるということを忘れてはならないが，他にも留意すべき重要事項がある。

　第一に，より大きな標本には，より多くの資源，たとえば時間やお金がかかる。より多くの研究参加者を評価し，調査場所へ赴き，データを分析するにはより多くの時間がかかり，そして数え切れないほどの他の経費も発生する。必要のない時に，そうした経費を負担する理由はない。

　第二に，標本の大きさあるいは小ささが研究の最終結果に影響を与えるかどうかを決める重要な要因がいくつかある。

　1つは，調査されている標本におけるばらつきの量である。たとえば，研究参加者の群が，1つは処置を受け，もう1つは処置を受けないという2群である場合，これらの各群の中でのばらつきが極めて小さい（つまり，それらが等質あるいは非常によく似ている）ならば，大きい標本ではなく小さい標本でうまくいくだろう。なぜかというと，それらははじめからとても類似しているので有意，すなわち意味のある違いだと見なされるために必要な"実質的な"差が少しでよいからである。

　もう1つの要因は，既に実施されている先行研究であり，そうした研究において標本がどの程度大きいかである。この情報は重要な指針となり，良い出発点となるはずである。

　最後に，標本の大きさをどのくらいにすれば差が見出されるかを検討する際には，先行研究の結果がより一層重要になる。もしある研究が群間の差を検討しており，標本サイズが各群50であったならば，そして，類似した研究を計画しており，他の内容が全て同一であるならば，50という標本サイズが研究の取りかかりとして申し分ない数になるだろう。

　　　　もっと知るには？　質問41，46，47を参照。

質問 49

標本の大きさはどのくらい重要なのですか？

　小さな標本では，おのずから研究結果の価値が下がってしまうのだろうか。それは，前にも説明したとおり，検討しているリサーチクエスチョンによるが，一般的にはその答えは「いいえ（価値は下がらない）」である。強いて言えば，小さな標本であることによって一般化可能性の程度が制限されるかもしれないが，それは単により大きな標本，あるいは異なる特徴をもつ標本を用いた追試研究が必要とされるだけのことである。より多くの情報があるということは，より良い判断ができることを意味する。

　では，より大きな標本は，結果をより価値のあるものにするだろうか。それは違うのである。より大きな標本は，データ収集のためにより多くの費用がかかるが，必ずしもより有益な情報を生み出すわけではない。大きすぎず，小さすぎず，適切な標本サイズが望ましい。

　求めるべきは，適切な規模の研究である。設定した仮説を検証でき，正確かつ妥当な答えを得られるような大きさである。したがって，必ずしも大きいことを求めなくてもよいのである。正確さ，妥当さ，費用効率の高さ，そして何よりも遂行可能性を求めなければならない。大きさが重視されるのは，感謝祭（サンクス・ギビング）の食事会ぐらいのものである。

　通常，母集団の特性を正確に反映するのに十分な大きさの標本サイズが望ましい。必要以上の研究参加者を検討して貴重な資源（たとえば時間やお金など）を無駄にしてしまうほど大きすぎなくてよいのである。多くの場合，この種のことに関するマジック・ナンバーは（各群につき）30程度のようである。これは，（ここでの私たちの関心を超えるが）一般化可能性に関する数学の話になる。

　　　　　　　もっと知るには？　質問47，48，92を参照。

パート6
記述的方法を用いたデータの表し方

質問　50

記述統計とは何ですか？
また，どのように使われますか？

　記述統計とは，値を用いて結果を整理し表現する手法であり，2つの主な指標が使用される。すなわち，代表値と散布度である。

　代表値は，あるデータの分布を代表するのに最も適切な1つの値（数値である場合もそうでない場合もあり得る）を示す。例として，青年の集団が1マイル走る際の平均速度は6分47秒である，とか，ある特定の選挙投票における都市居住者たちの立場を代表するデータの値は「反対」である，などが挙げられる。記述統計に関するこうした概括的な指標の類として，平均値，中央値，最頻値といった記述統計量を目にするだろう。数値データの収集を伴う研究の報告書では，ほとんどのようなものでも，こうした測定値が1つ以上報告されていることに気づくだろう。

　散布度は，データセット内の各得点がお互いに異なっている程度の平均を表す値である。またこの指標は，ある得点の分布がどの程度広がっているかを知るためにも使われる。たとえば，成人の2つの群（仮に男性群と女性群ということにしよう）では，（代表値の1つである平均を用いると）自宅における夕食時の電話応対に関する平均的な態度は同じであるが，女性はその態度において互いに非常に類似している一方，男性は全く違っているかもしれない。この例では，男性と女性とではばらつきの程度が異なるのである。

　こうした記述統計を知っていると，ある集団のデータの分布がどのような状態かを記述することができ，解析の第一歩として重要な集団間比較を行うことができる。もちろん，多くの研究者が単なる結果の記述以上の分析を行うが，この最初の一歩は，調査内容の結果を要約するために不可欠なものである。

　　　　　　　もっと知るには？　質問51，53，55を参照。

質問 51

代表値とは何ですか？
また，それらはどのように算出されますか？

　代表値はどの指標であれ，データの分布を記述するために最も重要な値を1つ示す。もし，他の情報がなく，高校1年生のあるクラスにおける単語の綴りテストの成績を記述するための最も良い値を知りたければ，平均値を用いればよいだろう。
　代表値には3つ指標があり，研究者は皆利用する。
　第一は平均値であり，一連の得点の算術平均である。各得点を足し上げた合計値を，得点の個数によって割り算することで算出される。以下の一連の得点について平均値を求めると，

$$2, 2, 3, 4, 5, 6, 6, 6, 11$$

5になる。平均は通常，大文字のXの上に線を施した$\bar{X}$や，大文字のMによって表される。
　第二の重要な代表値は中央値であり，得点分布の真ん中を示す値，あるいは，得点の上位50％と下位50％の区分点に位置する値である。それは単にデータセット内の真ん中にある得点を見つけることで求められ，上記の例では5になる（もし，得点の数が偶数の場合は，真ん中にある2つの得点の平均値を算出する）。中央値は，得点分布の中に極端な値が含まれており，それらが不当に重みを加えて平均値が適切な代表値とならない場合に用いられる。
　最後に，最頻値は得点分布において最も頻出する値である。上記の例では，6が最頻値となる。

　　　　もっと知るには？　質問50，52，57を参照。

質問 52

代表値として平均値,中央値,最頻値のいずれを使うべきか,どのように決めればよいですか?

　代表値の中でどの指標を用いるかは,分析する変数や結果の測定の水準によって決まる。質問62で取り上げるが,測定には,名義尺度,順序尺度,間隔尺度,比率尺度の4つの水準がある。あらゆる結果はそれらの水準のどれか1つに当てはまり,測定の水準が名義尺度から比率尺度の方へ進むにつれて,測定の情報量が増す。高い水準の尺度は低い水準の尺度に変換することができるが,逆はできない。

　その点を考慮に入れると,下表に示したそれぞれの例と合わせて,どの代表値がどの水準の測定に最も適しているのか理解できるだろう。

測定の水準	適切な代表値	変数もしくは結果	例
名義	最頻値	ある調査において支持政党を選択形式で測定した結果,共和党員20名,民主党員15名,無党派層12名であった。	最頻値は共和党員の20である。
順序	中央値	ドルで測定されたさまざまな労働者の所得水準にはいくつかの極端な値が含まれていた。	所得の中央値は,64,765ドルである。
間隔	平均値	外傷性脳損傷に関わる介入プログラム後に記憶された単語の数。	記憶されていた単語の平均個数は13.5個である。
比率	平均値	竜巻の後の5年間において,各年に建てられた温室の数。	各年に建てられた温室の平均軒数は,6, 4, 7, 5, 8である。

　可能ならば,低い水準の測定よりも高い水準の測定を選んだ方がよい,ということを覚えておくべきである。なぜなら,より高い水準の測定は,結果に関してより多くの情報を提供するからである。たとえば,ある特定の言語能力の測度において,女児が男児よりも優れていると知ることよりも,男女間の能力差がどの程度であるかを知ることの方が,情報量が多い。

　　　　　　　　もっと知るには? 質問54, 57, 62を参照。

質問 53

最も頻繁に利用される散布度は何ですか？また，それらはどのように算出されますか？

　よく用いられる散布度には3種類あり，それらは全て，データのばらつきの程度を表す。

　第一は，レンジ（範囲）であり，単に，同じデータセットに含まれる全ての得点の中で，最大値から最小値を引き算した値である。それは，利用される散布度の中で最も一般的かつ大づかみなものであり，すばやく簡単に算出できる。ただし，それはあまり正確ではない。なぜなら，いくつかの得点分布において，最高得点と最低得点がそれぞれ同じ値であっても，ばらつきの程度が異なり得るからである。たとえば，3, 4, 4, 4, 4, 4, 4, 4, 5 と 3, 3, 3, 3, 4, 5, 5, 5, 5 という2つの得点分布は，同じレンジ（かつ同じ平均値）であるが，ばらつきの程度が異なる。レンジは通常，Rの文字で表される。

　第二の指標は標準偏差であり，最も頻繁に報告される散布度である。標準偏差（標本に関しては s もしくは sd，母集団に関しては σ）は，各データ得点と全体データの平均値との差を平均したものである。平均から個々の得点を引き算し，その差の値を二乗して差の平均値を算出した後，（差の値をそのまま足し上げるとプラスマイナス0になってしまうため二乗するのだが，もとの単位に戻すために）その値の平方根をとることで算出される。標準偏差は，平均値とともに2つの基本的な記述統計量として報告される。

　最後の散布度は分散であり，標準偏差を二乗した値で，標本に関しては s^2，母集団に関しては σ^2 で表される。概念としての分散は，分散分析などの推測統計を理解するために重要である。

　どれをいつ使うのか？　レンジは全体的であるが，正確さに欠ける概算であるのに対して，標準偏差は，データの分布の基本的な様態を理解する際，平均値を補完するために最も頻繁に使用される統計量である。

もっと知るには？　質問51, 54, 55を参照。

質問 54

データの分布を記述するために、
平均値と標準偏差をどのように使うのですか？

　平均値は得点データの分布を記述するために、標準偏差は得点データの分布の広がりやばらつきを記述するために、それぞれ最もよく使われる値である。

　これら2つの記述的指標は得点の分布を記述するために一緒に利用される。たとえば、テスト得点の分布の平均値が100点であり、標準偏差が10であるというようにである。

　この例では、釣り鐘状の形をした曲線（正規曲線、ベルカーブ）について知られている特徴を用いると、下図のようにデータを記述することができる。

区分された正規曲線

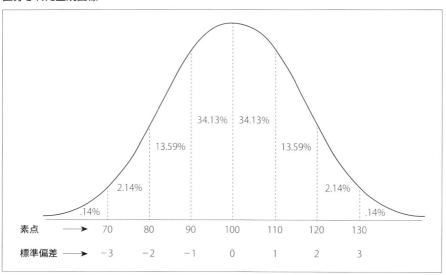

- 全得点の68.3％が、平均値を挟んだ−1標準偏差から＋1標準偏差の区間、すなわち、この例では90点から110点の間に入る。
- 全得点の95.4％が、平均値を挟んだ−2標準偏差から＋2標準偏差の区間、すなわち、この例では80点から120点の間に入る。

- 全得点の99.7％が，平均値を挟んだ－3標準偏差から＋3標準偏差の区間，すなわち，この例では70点から130点の間に入る。

　前ページの図によって，得点分布内のある特定の範囲の値をとる確率をかなり正確に推測することができる。たとえば，100点（真ん中の得点）以下となる得点の割合は50％である。あるいは，90点から110点の間に入る得点の割合は68.3％であり，120点を超える得点の割合は2.3％である。

　（上述したように）得点に関する確率を推測できることは，ある特定の結果について判断を下すのに役立つ非常に強力なツールとなる。たとえば，任意のある得点が得点分布の中に当てはまる可能性はどの程度だろうか？　この例では，120点はこの得点分布の中の－2標準偏差から＋2標準偏差の区間に入り，この分布の中に当てはまる可能性がかなり高い（95％よりも大きい確率）ことになる。

　このモデルは，ある特定の結果がいかに珍しいかを推測するためにも使われうる。もし十分に珍しい場合は，偶然だけで期待される結果とは有意に異なると言われる。

もっと知るには？　質問50，55，59を参照。

質問 55

正規曲線とは何ですか，また，その特徴は何ですか？

時にベルカーブとも呼ばれる正規曲線は，多くの記述統計と推測統計の理解や利用の基礎となる得点分布である。それにより，研究者たちは結果に関連する確率を推測することが可能となる。

下図から分かるように，正規曲線は3つの特徴を持っている。

正規曲線（ベルカーブ）

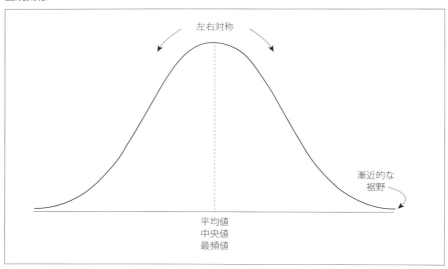

1. 平均値を中心にして左右対称である。これは，正規曲線を中心から左右半分に分けた時，一方の曲線は，もう一方の曲線に対して鏡像のように対称であることを意味している。正規曲線の片側それぞれに全体の得点のうち50％が含まれる。
2. その裾野は漸近的である。それらは決して x 軸に接することはなく，結果が平均から外れたより極端な値になるほど，その出現確率が小さくなることを意味する。得点が最大の方向，あるいは最小の方向に向かって進むにつれて，値の出現確率は，分布の中心により近い位置にある得点よりも小さくなっていく。

ある結果がどんなに平均から外れていようとも，それと関連する確率は，非常に小さい値ではあるが，常にある（それは曲線の裾野が横軸に決して触れないためである）。
3. 正規曲線では，平均値，最頻値，中央値が全て同じ値となる。

なぜ正規曲線が統計を理解するのにそれほど重要なのだろうか。それは，特定の結果が偶然によって生じる期待に関する枠組み，すなわちモデルとなるからである。

統計的検定が実施される際には，検定結果が得点分布（たとえば正規曲線，ただし，時に他の分布が用いられる）と比較される。検定結果は，偶然にによって生じると期待される確率分布と照合され，その両者の違いが十分であれば（そうかどうかを判断するための表や他の技法がある），その結果は珍しい，すなわち有意であるとみなされる。正規曲線は，そうした判断をするための基準を提供するのである。

もっと知るには？　質問50，56，59を参照。

質問 56

得点分布が正規分布（ベルカーブ）でない場合，推測の基礎となっている考えを適用可能ですか？

　得点分布が正規分布（ベルカーブ）でない集団のデータを，研究者が扱わなければならなそうだということは想像できるだろう。けれども研究者たちが議論する内容の大半は，そうしたデータの母集団は正規分布しているという考えに基づいている。それでは，標本が抽出される基になった母集団の分布が正規分布であるかどうかを，どのように知ることができるだろうか。実は，それを知ることはできない。なぜなら，母集団全体の特徴の検討や評価は，実際には決してできないからである。とは言え，それは，中心極限定理があるために，問題ではないのである。

　中心極限定理とは，母集団分布の形状にかかわらず（正規分布であろうとなかろうと），母集団から抽出されたいくつもの標本の平均値は，（標本サイズがある程度大きければ）正規分布することを述べた定理である。これは，たとえ母集団の得点分布がU字型（ベルカーブの正反対）であったとしても，母集団から30名以上の大きさの標本をいくつも抽出したならば，それらの標本平均は正規分布することを意味している。最も重要な点は，標本から母集団に結果を一般化する際に，母集団の得点分布に関しては何も知る必要がないということである。

　この定理は重要である。それは，実際に標本が抽出される基になった母集団が正規分布をしていない場合でも，正規曲線の特徴に基づいて判断できること，つまり，いかに推測統計が強力であるかを示している。この事実ひとつだけでも計り知れない柔軟性を提供するものであるが，この定理はいろいろな意味で実験的方法の拠り所となっている。もし推測する力がなければ母集団全体を検討しなければならなくなるが，それは合理的限界を超えた無理難題であろう。

　　　　　　　　もっと知るには？　質問55，57，59を参照。

質問　57

分布が歪んでいる場合，どのようなことを意味するのですか？

　分布が歪んでいる場合，それは，正規分布ではない，あるいはベルカーブの形をしていないことを意味する。したがって，得点分布は，正に歪んでいたり，負に歪んでいたりする。

　正の歪みをもつ得点分布（時に，左に偏っているとも言われる）がどのようなものかは，下図で見ることができる。分布の右側の裾がより長く延びており，分布の左側に得点が過度に集中している様子がわかるだろう。分布が正に歪んでいる場合の平均値，中央値，最頻値は，図に示されているようになる。

　負の歪みをもつ得点分布（時に，右に偏っているとも言われる）も，下図に示している。分布の左側の裾がより長く延びており，分布の右側に得点が過度に集中している様子がわかるだろう。分布が負に歪んでいる場合の平均値，中央値，最頻値も，図に示されているようになる。

異なる得点分布における歪みの程度

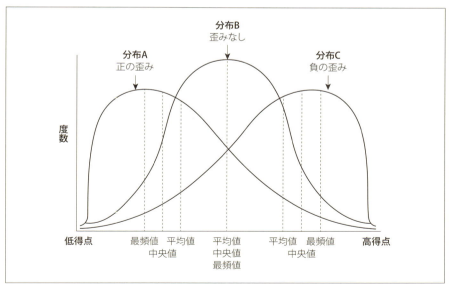

パート6　記述的方法を用いたデータの表し方

歪度の指標はいくつかあり，研究をしている際に，あるいは，文献を読んでいる際に，見たことがあるかもしれない。最も一般的に利用される分かりやすい指標の1つはピアソンによって提唱されたものであり，公式は，

$$歪度 = \frac{(平均値 - 最頻値)}{標準偏差}$$

である。
　たとえば，平均値が50，最頻値が10，そして標準偏差が5の場合，歪度は8となる。平均値と最頻値とが離れるほど，歪度が増加する（つまり，歪みが大きくなる）。歪度は平均値と最頻値との関係によって，負の値も正の値もとりうる。たとえば，平均値が50，最頻値が90，標準偏差が5の場合，歪度は－8となる。

　　　　　　　もっと知るには？　質問55，56，58を参照。

質問 58

データを記述する視覚的な方法を探しています。どんな選択肢がありますか？

「百聞は一見にしかず」と言われるように，図表は，言葉を尽くした説明よりもはるかに効果的である。結果を伝えるために役立つデータのまとめ方や説明の仕方は数多くある。

最も一般的な方法の1つは，いくつかの区間に分けられた階級幅の中に出現する度数を集計する度数分布を用いるものである。これは，下表にまとめられた合計100個の得点のように，ある値から別の値までという決められた区間に出現する個々の得点の数（とそれらの総度数）を集計するという単純な手続きである。

階級	度数
45〜49	3
40〜44	8
35〜39	8
30〜34	22
25〜29	25
20〜24	13
15〜19	12
10〜14	4
5〜9	4
0〜4	1

度数分布を利用して，データの折れ線グラフを作成すると，次ページに示す図のように，ある階級内の得点の度数をつないだ実線で表される度数多角形となる。

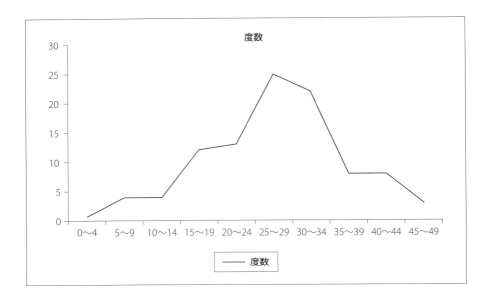

　この図では，ある階級の得点の度数を得点区分の関数として見ることができ，分布の特徴を検討することができる。分布を特徴づける平均値やデータのばらつき（散布度）といった記述統計量について考えることもできる。

もっと知るには？　質問50，55，57を参照。

質問 59

標準得点とは何ですか？ また，それはなぜ重要なのですか？

標準得点とは，ある得点について得点分布内の相対的な位置が一目で分かるように，平均値からの距離の単位として標準偏差を利用して変換された値である。標準得点に関する最も重要な事項は，算出されれば，異なる分布から得られた素点どうしが比較可能になるという点である。これが意味するところは，事実上，分布の形状にかかわらず（その平均値や標準偏差，歪度がどのような値であっても），標準得点を算出することができ，その値は全く異なる特徴をもつ分布から算出された別の標準得点と直接比較することができる，ということである。

以下の表を使って解説しよう（z 得点については質問60を参照）。

標本	平均値	標準偏差	素点	標準得点（z 得点）
A	100	10	100	0
B	100	5	110	2
C	100	10	90	−1
D	50	4	54	1

標本Aを見て分かるように，平均値と素点が同じ場合，平均からのズレは0であり，標準得点も同様に0となる。これは，標準得点が0である場合はいつでも，素点と平均値が等しいことを意味する。

標本Bでは，素点が110で標準得点が2である。なぜなら，素点は，平均値よりも標準偏差2つ分大きいからである。

標本Cは，素点が90で標準得点が−1である。なぜなら，素点は，平均値よりも標準偏差1つ分小さいからである。

標本Dは，かなり異なる様相をしている。ここでは，素点が54であると標準得点が1となるような全く異なる分布から，平均値，標準偏差，素点が得られている。しかし，標準得点に変換することによって，54点の素点と，たとえば90点の素点（標本C）とを直接比較することができるようになるのである。

標準得点はまた，推測統計において用いられる特定の分布を作るためにも使われる（Z 検定など）。

もっと知るには？ 質問55，56，60を参照。

パート6 記述的方法を用いたデータの表し方

質問 60

より一般的な標準得点にはどのようなものがありますか？また，それらはどのように使われますか？

　最も一般的な標準得点は z 得点と T 得点である。これら2つの標準得点は，研究において頻繁に報告される。両者は，それぞれの得点分布の平均値と標準偏差を用いて算出される。

　z 得点は以下の公式を用いて算出される。

$$z = \frac{X - \bar{X}}{s}$$

ここでは，

　　X は素点を，
　　$\bar{X}$ は標本平均を，そして
　　s は標本標準偏差を表している。

　これは，元の分布から平均値0，標準偏差1の分布上に素点を置き換えた場合の得点を示している。

　たとえば，平均値が100，標準偏差が10の標本で，素点が80の場合，z 得点は－2となる。この得点は，平均値よりも標準偏差2つ分小さい値ということである。

　T 得点は以下の公式を用いて算出される。

$$T = z + 50$$

　T 得点は，平均値50，標準偏差1の分布上に素点を置き換えた場合の得点を示している。たとえば，上述の平均値が100，標準偏差が10の標本で，素点が80の場合，T 得点は48となる。z 得点ではなく T 得点を用いる主な目的は，負の値をなくすためである。

これら2つの標準得点は，異なる分布から得られたいくつかの得点を互いに比較可能にするという，同じ目的を果たす。標本分布における得点が41であるか1900であるかにかかわらず，両者が仮に40というT得点であれば（その素点は標本の平均よりも小さいことを意味し）それぞれの集団の得点分布において相対的に同じ位置にあることを意味している。したがって分布が異なってもT得点どうしを直接比較することができるのである。しかし，2つの異なる分布から得られた75点という素点は，点数は同じでも，全く異なる意味を持っている可能性があり，直接比較することはできない。なぜなら，2つの分布の平均値や標準偏差が大きく異なるかもしれないからである。

　標準得点どうしは直接的に比較可能であるという事実から，分布を越えた比較が簡単かつ現実的になる。それは，非常に異なる分布から得られた値どうしを比較する手段となる。

もっと知るには？　質問53, 55, 59を参照。

パート7
検査と測定に関する問題

質問 61

測定したい特定の結果がありますが,
既存の測度があるかどうか,どこで調べたらいいのか分かりません。
どのような従属変数を使うべきかについて,
手がかりをどこで得られますか？

　この段階ですべきことは,研究の背景にある中心的な概念を最もよく反映する測度を見つけることであり,探すべきところは数多くある。おそらく最も良いのは,自分の計画と同じリサーチクエスチョン（やそれに関わる変量）を検討している学術雑誌の記事を検索することである。先行研究がどのような測度を使っているかを調べ,自分の研究にとって適切かどうかを判断するのである。

　そうした判断をするための基準は他にどのようなものがあるだろうか。考慮に値するいくつかの問いを以下に示す。

1. 測度は信頼性と妥当性の両方を備えているか。おそらく,これらは最も重要な2つの基準である。
2. 実施する資格があるか。いくつかの結果の測度は,実施するために一定の訓練や技術を要し,そうした訓練のために時間やお金をかけなければ利用できない可能性がある。
3. 測定ツールのコピーを簡単に入手できるか。
4. 経験を積んだ研究者のみが利用可能ということはないか。測定ツールを公表している会社やその開発者の1人に連絡をとることができるか。
5. 測定ツールによって,知りたいことを正確に評価できるか。
6. 測定ツールは,使おうとしている研究環境で機能するか。

　図書館の文献を調べれば,必要なものが利用可能であるかどうかよく分かるだろう。また,現在ネブラスカ大学によって提供されている Buros Center for Testing を探索するのもよいだろう。それは, http://buros.org/ で見ることができ, 3500を超える既存の結果変数や検査に関する概説を収録している。この資料は,大学や公共の図書館を通して利用可能である。また,『The Nineteenth Mental Measurements Yearbook』 という印刷版もある。

　　　　　　　もっと知るには？　質問63,66,71を参照。

質問 62

測定の水準の違いとは何ですか？
また，それらはどのように利用されますか？

　測定には4つの水準があり，名義水準から比率水準に向かうほどそれぞれの測定から得られる情報量が増す。

　名義的な測定水準には，単に名称でのみ識別される変数（たとえば黒，金，茶の髪の色）が当てはまる。名義尺度は，こうした名称を区別するために与えられた数値（たとえば，黒，金，茶にそれぞれ1，2，3を割り当てる）のことであり，数値は量的な意味を持たないため，変数の平均を求めても意味がない。

　順序的な測定水準には，その大小関係によって識別される変数（たとえば上級，下級といった階級グループ）が当てはまる。順序尺度は，こうした大小関係に基づいて与えられた数値（たとえば，上級，下級にそれぞれ1，2を割り当てる）から成る尺度である。平均値は定義できないが，中央値は定義できる。

　間隔的な測定水準には，測定単位が等間隔の尺度（間隔尺度）によって測定対象の程度が識別される変数が当てはまる（たとえば，テスト得点）。測定値の差に意味があるため，異なる得点間の差を比較できる（たとえば，テスト得点の82点と90点，50点と58点はともに8点差であり，その差が等しいと判断できる）。また，平均値を求めることができる。

　比率的な測定水準には，その特性が存在しない絶対原点を有する尺度によって識別される変数が当てはまる（たとえば体重）。比率尺度では，測定値の比率にも意味がある（体重の場合，5kg→20kgと15kg→30kgは同じ15kgの増加だが，前者は4倍，後者は2倍と増加の割合が異なることが判断できる）。また，順序尺度と間隔尺度の性質を全て持っている。

　測定尺度について研究者が覚えておくべきいくつかの事柄を以下に示す。

1. 評価される変数は，どのようなものであっても，いずれかの測定水準に当てはまる。
2. 変数がどのように測定されるかによって，その測定水準が決まる。たとえば，身長を基に，背の高い子どもたちと低い子どもたちという異なる群に子どもたちを分類することができる。これは，順序的な水準である。あるいは，子どもたちを，身長で5cmごとに分類することも可能である（たとえば，140cm以上145cm未満，145cm以上150cm未満，150cm以上155cm未満，という具合に）。この場合

は，少なくとも間隔的な測定水準となる。
3. 測定尺度の水準が高くなるほど（名義尺度が最も低く，比率尺度が最も高い），測定から得られる情報量がより多くなる。ある人が12点満点の評定尺度で10点をとったと知ることは，ある人が他の人よりも綴り字がよくできることを知るよりも情報量が多い。
4. 変数の測定の水準が異なれば，使用される記述統計や他の統計技法も異なる。

もっと知るには？　質問61，68，79を参照。

質問 63

信頼性とは何ですか？

　信頼性とは，検査や評価のツールによる測定結果の一貫性を指す。同じ人に対する測定であれば測定時期が異なっても一貫した結果が得られる時に，あるいは，同じ性質を測定する検査であれば検査や評価の様式が異なっても同じ結果が得られる時に，当該測度の信頼性が高いと言える。

　検査を実施すると，主要な結果が得点として得られる。それは，観察された得点なので**観測得点**と呼ばれる。観測得点は，成果に関する利用可能な実測値である。したがって，スーザンが英語の中間試験で問題の78％に正答した場合，それは観測得点ということになる。

　観測得点はどのようなものでも2種類の異なる得点，すなわち真の得点と誤差得点から成る。したがって，全体的な考え方は以下のように表される。

$$観測得点 = 真の得点 + 誤差得点$$

　真の得点とは，絶対的に正しい得点として定義される。ただし，実際には観測不可能な理論上の構成概念である。それは，上述の例であればスーザンの知識を完全かつ明確に反映していると見なすことができるものである。

　誤差得点とは，観測得点と真の得点との間の差を説明するものである。たとえば，ある学生がテストの日に病気で体調が悪かったとしたら，病気のせいで成績が振るわなかった可能性があり，観測得点はその学生の本当の実力を反映した真の得点と合致していないと考えることができる。

　発生しうる誤差には2種類ある。1つは，特性の誤差（trait error），つまり，個人に関連する誤差（病気，準備のなさ，疲労，飽き，やる気のなさ）であり，もう1つは方法の誤差（method error）（暗い照明，不十分な教示）である。

　方程式の中に入る誤差得点の量を最小限に抑えることができれば，観測得点はより真の得点に近づく。観測得点と真の得点が等しい場合，検査は完璧な信頼性を有すると言うことができる。また，時間の経過あるいは様式の違いにより，個人の観測得点に個人の真の得点が正確に反映されず，これら両者の値がお互いに離れるほど，検査の信頼性が乏しくなる。

　　　　もっと知るには？　質問64，65，71を参照。

質問 64

信頼性の種類にはどのようなものがありますか？また，いつそれらは使われますか？

一般的には，4種類の信頼性がある。それぞれ算出方法が若干異なるが，全ての信頼性は，測定の不安定さ，すなわち誤差を減じることにより，真の得点について説明できる割合がより大きくなるほど，信頼性が増加するという特徴をもっている。

以下は，さまざまな種類の信頼性と，それらに関する重要な質問への一般的な答えをまとめた一覧表である。

信頼性の種類	何をするためのものか	どのように算出されるか	いつ用いられるか	例
再検査信頼性	期間をあけて2回実施された同一の検査の信頼性を算出する。	同一個人について，1回目の測定での得点と2回目の測定での得点との相関を算出する。	開発中のツールが，期間をあけ繰り返し実施しても信頼性があるかどうかに研究者が関心をもっている時。	あるプログラムの開始時と，5ヶ月後の当該プログラムの終了時に実施したある検査に，一貫性があるかどうか研究者が関心を持っている。
平行検査信頼性	ほぼ同時に実施された，同じ結果を測定する2つの異なる検査の信頼性を算出する。	検査の様式1と様式2の各得点間の相関を算出する。	研究者が同じ内容を測定する検査で様式が異なるものを同時に使用する必要がある時。	研究者が記憶力を検討しており，同じ事柄を測定しているが異なる項目から構成される2つの再生課題において，参加者を検査する必要がある。
内的整合性信頼性	検査の一次元性，つまり，検査がある1つの概念を測定している程度を算出する。	個々の項目得点と検査の合計得点との間の相関を算出する。	作成中の検査が1次元の内容を評価しているかについて研究者が知る必要がある時。	研究者が知能検査を開発しており，それぞれの下位検査が内的に一貫しており1次元性をもっていることを確かめたい。
評定者間信頼性	2人以上の評定者間の一致率を検討する。	評定者間信頼性は，評定者間の一致回数を，一致する可能性がある全体の回数で除した値で示される。	2人以上の評定者が評価をして，観察内容に値を割り当てている時。	スーパーマーケットでの買い物行動を5つのカテゴリーに分類することを目的として，2人の研究者がある観察ツールを使用して評価をしている。

もっと知るには？　質問63，65，71を参照。

質問　65

信頼性係数はどのように解釈されますか？

（再検査信頼性，内的整合性など）扱っている信頼性係数の種類にかかわらず，その大きさの重要性を解釈できることが望ましい。

"十分な"信頼性があるかどうかは，信頼性係数の2つの特徴から示される。

第一に，正の信頼性係数が必要である。負の信頼性係数は，その測定ツールに何か大きな欠陥があることを示している。

第二に，可能な限り大きい信頼性係数が必要である。

例として，ここでは3種の信頼性係数について，どのように解釈されうるかを，（また，もしあるとすれば，取り得る次の手段と一緒にまとめてみよう。

信頼性の種類	標本の値	解釈	次の手段
再検査信頼性	.78	この検査は，時間が経過しても適度な一貫性がある。妥当な目標は，信頼性係数が.70以上であり，.80台や.90台であればなお良い。	特にない。これはかなり信頼性のある検査であり，自信を持って実施できる。
平行検査信頼性	.17	検査は異なる様式の間であまり一貫していないようである。.17という値は非常に低い信頼性係数である。	当該検査について，新しくより良い様式の開発に取り組む。
内的整合性信頼性	.38	この検査は，項目群が一貫して同一の内容を測定しておらず，一次元性を有していないようである。	検査内の項目が，想定されたものを測定しているか確認する（ちなみに，これは信頼性の問題であると同時に，次の質問で取り上げる妥当性の問題でもある）。

一般に，許容される信頼性係数は.70以上であるが，.8以上であればより望ましい。評定者間信頼性に関しては，実際には，90％以上を求めるべきである。（検査自体が良いものであるとしたら，単に評定者を十分に訓練するだけで）評定者間信頼性は非常に簡単に上昇させることができるため，上記の水準に到達できないはずはない。

もっと知るには？　質問63, 64, 71を参照。

質問 66

妥当性の種類にはどのようなものがありますか？
また，それらはいつ使われますか？

　妥当性とは，評価に使うツールが，測定すると主張しているものを測定しているかどうかを示す指標である。たとえば，綴り字検査であれば綴り字の能力を評価できると期待するし，空間的関係の検査であれば空間関係の把握能力を評価できると思うだろう。もし，検査が狙っている変数を評価するために使うことができるならば，それは妥当性があると言える。検査に信頼性がなければ，妥当性もあり得ない。なぜなら，検査が，（繰り返し）信頼性を持って何かを測定することができる時にはじめて，計画されたものを正確に測定することができるからである。

　以下のように，いくつかの種類の妥当性がある。

　内容的妥当性は，あるトピックにかかわる項目の標本が，そのトピック内の項目群の全体を正確に反映しているかどうか知りたい時に用いられる。内容的妥当性の例としては，南北戦争の単元に関する歴史のテストや飛び級のための物理学のテストが挙げられる。

　基準関連妥当性は，検査得点が，その検査で測ろうとしている特性との関連が予想され，良い基準になると考えられる他の検査や評価の結果と一貫した関連をもっているかどうか知りたい時に用いられる。基準関連妥当性には，その検査の測定と同じ時点で基準が存在する同時的妥当性（併存的妥当性）と，基準が未来におかれる予測的妥当性とがある。予測的妥当性の例として，（卒業時に受ける調理技術に関する）EATSテストが調理学校の卒業から5年後の料理人の評価と関連していることが挙げられる。

　構成概念妥当性は，その検査がある基本的な心理学的構成概念を測定しているかどうかを知りたい時に用いられる。例としては，男性性に関する新しい検査が，理論的にその概念を特徴づけるような特性や行動とどの程度関連するかを検討することが挙げられる。構成概念妥当性は最も曖昧で確立するのに時間がかかるものである。なぜなら，測定する概念に関わる多様で複雑な行動を扱うからである。

　　　　もっと知るには？　質問67，69，72を参照。

質問 67

基準関連妥当性とは何ですか？
また，同時的妥当性と予測的妥当性という
2種類の基準関連妥当性はどのように異なりますか？

　基準関連妥当性とは，ある検査が，何らかの他の検査（基準）によって測定される能力を反映しているかどうか評価するものである。基準として，現時点の能力が測定される場合（同時的妥当性）と，未来の時点で能力が測定される場合（予測的妥当性）とがある。基準関連妥当性は，学力試験や，免許等の認可に対して最もよく用いられる。同時的妥当性も予測的妥当性も，開発中の測定ツールから得られた得点と基準との単純な相関を用いて確認される。

　同時的妥当性および予測的妥当性を確認するにあたって重要なことは，基準の質である。その基準が測定されるべきものを正確に反映していなければ，相関を算出しても意味がない。

　たとえば，入学試験の予測的妥当性を確認するには，以下のような簡潔な手続きがとられるだろう。

1. 入学試験が作成され実施される。
2. 入学試験得点と，その後の卒業時の評価点との関連を検討する。もしそれらが相関していれば，入学試験は予測的妥当性を有していたことを意味する。

また，保育に関する試験の同時的妥当性を確認するには，以下のような簡潔な手続きがとられるだろう。

1. 保育に関する試験が作成され実施される。
2. 保育の専門家が，保育科の学生を観察し，学生の順位づけをする。保育の試験得点と観察者が評価した順位との関連を検討する。もしそれらが関連していれば，保育の試験は同時的妥当性を有していることを意味する。

　　　　　もっと知るには？　質問66, 70, 71を参照。

質問　68

集団基準準拠テストと目標基準準拠テストとの違いは何ですか？

　学力検査はみな，知識全体の標本を得るようなものだが，検査結果から達成度を評価するために用いられる参照点によって，異なるタイプの検査になり得る。

　学力検査は，ほとんどの場合，集団基準準拠もしくは目標基準準拠のどちらかである。

　集団基準準拠テストでは，個人のテスト成績を他者のテスト成績と比較することができる。たとえば，ある8歳の生徒が算数のテストで56点を取った場合，テストに付随する集団基準が，他の8歳児に対するその子どもの相対的な位置を決めるために用いられる。言い換えれば，テストを受けた人の得点が，同じテストを受けた他の人よりも良かったか悪かったかを検討できる。標準化された検査には，通常，集団基準が添付されている。

　目標基準準拠テスト（ロバート・グレイサーという心理学者によって1963年に作られた用語）は，成績の具体的な基準を明確に定めている。このタイプのテストでは，他者との比較によって決まる成績の善し悪しや順位とはかかわりなく，個人の成績だけが重要となる。この場合，成績はある内容領域に関する習得の程度に応じて決まる。たとえば，高校3年生の歴史に関して一連の目標を設定し，合格のためには学生が目標の90％を達成しなければならないと定めるとしたら，基準は90％の習得を意味することになる。

　目標基準準拠テストはhigh-stakesテストとも呼ばれ，こうした検査では，結果が検査を受けた個人に対して重大な影響を及ぼす。ビジネスや医療などの専門の学校への入学テストは，htgh-stakesテストとみなされうる。なぜなら一定の水準をクリアできたか否かによって合格が決まるからである。この種の検査は実際に，特定の水準での内容の習得に焦点を当てているため，内容準拠テストとも言われる。

　　　　　　　　　もっと知るには？　質問62，75，79を参照。

質問 69

構成概念妥当性とは何ですか？
また，なぜそれは，心理検査の妥当性を確認するために
特に適しているのですか？

　構成概念妥当性とは，評価に使うツールが正確に評価項目の根底にあるいくつかの基本的な概念を測定していることを指す。構成概念は一連の相互に関連する変数の集まりであり，注意，攻撃，愛着などがあてはまる。こうした概念は全て何らかの基本的な理論によってまとめられた変数群から成る。

　たとえば，愛着は，接触や言語的行動，微笑みといった相互に関連する変数群から成ると考えられるため，しばしば構成概念と見なされる。そうした構成概念の測定を目的とする検査は，その妥当性について，いくつかの方法のうちの少なくとも1つを用いて確認されなければならない。

　1つ目の方法は，新しい検査の得点が，最近実施された類似した別の検査の得点と関連するか確認する方法である。これには単純な相関が用いられる。もしある検査が妥当性を有することが示されているならば，同じようなやり方で作られた他の検査にも同じことが言えるだろう，と考えるのである。

　別の方法は，はるかに大がかりなものであるが，多特性・多方法の分析として知られている。この方法では，いくつかの異なる特性がいくつかの異なる方法で（構成概念妥当性を検討している検査も含めて）測定される。そして，これらの全ての変数の相関が求められる。類似した特性どうしは測定方法にかかわらず互いに関連し，異なる特性どうしは同じ測定ツールを用いていても関連しない，という証拠を研究者は探し求めるのである。これは複雑ではあるが，構成概念妥当性を確認するために非常に有効な方法である。

　　　もっと知るには？　質問66，70，71を参照。

質問 70

さまざまな種類の妥当性は，どのように確認されますか？

　内容的妥当性，基準関連妥当性，そして構成概念妥当性は，それぞれ異なる方法で確認される（同じ技法が用いられることもある）。以下に，妥当性の種類と，その妥当性が用いられる検査の種類，および妥当性の確認方法をまとめた表を示す。

妥当性の種類	何の妥当性を確認するために用いられるか	妥当性を確認するために用いられる方法
内容的妥当性	学力テスト	検査項目が潜在的な検査項目全体を反映しているかどうかについて，内容に関わる専門家が項目を検討して判断する。たとえば，熱力学の法則に関する物理学のテストに，当該トピックに関する潜在的なテスト問題の全体を反映するような項目が含まれているか。
基準関連妥当性	採用試験，職業適性検査	同時的妥当性では，妥当性を確認したい検査と，その基準として適切な行動に関する既存の尺度との相関が検討される。また，両者は同時期に実施される。たとえば，機械に関する技能の検査得点が，エンジンの立体模型の組み立てに関する得点とどの程度相関するか。 予測的妥当性では，妥当性を確認したい検査と，その基準として適切な将来的に生起する行動に関する既存の尺度との相関が検討される。たとえば，機械に関する技能の検査得点が，後の顧客数によって測定される設計士としての将来的な成功とどの程度相関するか。
構成概念妥当性	心理的特性に関する検査	構成概念妥当性を検討する1つの方法は，既に妥当性が確認されているツールによって構成概念に含まれる基本的な特性を測定し，それらの得点が新しい項目と関連するかどうか評価する方法である。 2つめの方法は，多特性・多方法の分析により妥当性を確認することである。そこでは，同じ方法を使っていても異なる特性を測定した得点間には相関がなく，一方，異なる方法を使っていても同じ特性を測定した得点間には相関があることを確認する。

　　　　　もっと知るには？　質問63，65，71を参照。

質問　71

信頼性と妥当性は，どのように関連し合っているのですか？

　ご承知のように，信頼性は，時間が経過しても異なる様式であっても測定結果に一貫性があるという評価ツールの性質と定義される。言い換えれば，ジムが，その検査を受けるたびに（級友との相対的な関係において）同じ検査結果になるということである。

　妥当性は，ある検査が測りたい内容を正しく測ることができているという検査の性質である。言い換えれば，南北戦争につながる出来事に関する大学2年生のテストが，実際に当該事項を正確に検査しており，それ以外のものを含んでいないということである。

　妥当性と信頼性との関連は，かなり単純であるが興味深いものである。ある検査が妥当性を有するには，まず信頼性を有していなければならない。別の言い方をすると，その検査で測りたい内容を測ることができているかどうかを確認するよりも前に，検査は一貫性を有していて，何度繰り返しても同じ結果にならなければならない。

　例として，非常に簡単なテスト問題を1つ取り上げてみよう。これは，ある科目のテストとして用意された50問の中の1問であり，このテストは信頼性が高いものとしよう。

1.　以下のうち，信頼性の種類に当てはまらないものはどれですか。
    a.　検査−再検査
    b.　平行検査
    c.　内容分析
    d.　内的整合性

　この項目は，検査と測定の授業のテスト問題にはよく当てはまるが，もし歴史のテストの項目だと言われたらどうだろうか。これは，時間が経過しても様式が異なっても一貫性を有する信頼性の高い検査から選ばれた項目かもしれないが，歴史に関する妥当性のある測度ではあり得ない。

要するに，

1. 検査は妥当性を有する以前に信頼性を有していなければならない。
2. 検査は信頼性を有していても，必ずしも妥当性を有しているとは限らない。
3. 検査は信頼性を有していなければ，妥当性を有していることもない。

学校でのテスト，性格検査，そして他のあらゆる種類の検査も，妥当性を有していると見なされる前に，信頼性を有していなければならない。それが両者の関連の仕方であり，そのため，両者にとって互いが非常に重要なのである。

もっと知るには？　質問63, 66, 70を参照。

質問 72

ある検査が信頼性と妥当性を有しているかどうか，どのように調べることができますか？

　ある検査があなたやあなたのプロジェクトのニーズにかなうかどうかを決める第一歩として，当該検査が信頼性と妥当性を有しているか調べるための非常に良い方法が2つある。1つめは，公刊されている（そして引用されている）研究で，当該検査を既に使用している研究を探すことである。2つめの良い方法は，検査の出版元や作成者に問い合わせ，当該検査が目的通りに機能することを示すデータの開示を求めることである。

　また，以下の事柄に留意されたい。

　第一に，検査が備えている心理測定上の質が認められ，長きにわたり広く使用されているならば，それは"良い"検査であり，心配なく使用できると考えられる。検査が長きにわたり使用され，広く認められているかどうかは，文献を読んでレビューすることにより知ることができる。

　第二に，検査が比較的新しく，人々の目にあまり触れていない場合には，検査の質に関する研究報告から著者のコメントを探すとよい。著者は信頼性や妥当性に関するデータやその他の重要な性質，使用法，重要な変数として当該検査を使うことに関わる問題に言及しているはずである。

　そして，もし検査の信頼性や妥当性に関して何の言及もなければ，また，他の文献においてレビューされたり言及されたりしているのを見たことがなければ，当該検査をあなたの研究ですぐに使用できるかどうかは，いくぶん疑わしいと言えよう。

　ほとんどの場合，検査の質に言及されていなければ，しかるべき質を備えていないと考えられる。ある検査が備えている心理測定上の性質，中でも，当該検査が有用であることを示す性質を明確に実証しようと研究者たちは苦心しており，報告書や学術雑誌論文の中では必ずそのことに言及するものである。

　　　　　　　もっと知るには？　質問71，73，79を参照。

質問 73

検査の種類にはどのようなものがありますか？
また，それらはどのように使用されますか？

さまざまな検査があり，それぞれが特定の目的を持っている。ここでは簡潔な表にまとめて，主な種類とそれらが何をするためのものかについて，例とともに紹介する。

検査の種類	何をするためのものか	例
学力検査	学力検査はある特定の科目や既習内容に関する知識を測定する。	・EXPLORE ・Fast Track ・Iowa Tests of Basic Skills（基本的能力に関するアイオワ・テスト）
パーソナリティ検査	パーソナリティ検査は長期的に安定した個人の特性や傾向を測定する。	・青年用精神病理検査 ・家族関係検査 ・多次元自己概念尺度
適性検査	適性検査はある技能を習得できる潜在的な能力を測定する。	・適性評価検査 ・高齢者用適性検査 ・職業適性検査バッテリー
能力検査	能力検査は知的な潜在能力を測定する（知能検査はこの領域に含まれる）。	・非言語的知能に関する包括的検査 ・ウェクスラー知能検査短縮版 ・広範的知能検査
職業適性検査	職業選択や職業適性の検査は，さまざまな職業に対する興味や関連する技能の程度を測定する。	・Accountant Self Selector ・職業検査 ・器用さに関する検査
教育評価	教育評価検査（education tests）は，教育現場や学校の環境，効果的な教育，指導のスタイル，教育現場でのリーダーシップを評価する一般的なツールである。	・教育心理学におけるCLEP（大学レベルの能力試験，College Level Examination Program） ・学習傾向検査 ・The School Leadership Series（学校での指導者に対する検査）
芸術・美術検査	芸術・美術検査は，美術や芸能に関する知識，技能，興味の他，美的判断も評価する。	・Advanced Placement in Examination in Studio Art（芸術に関する飛び級テスト） ・Instrument Timbre Preference Test（楽器の選好テスト） ・Iowa Tests of Music Literacy（音楽の能力に関するアイオワ・テスト）

もっと知るには？　質問71，78，79を参照。

質問 74

態度を測定する場合，リッカート尺度とサーストン尺度の違いは何ですか？

　態度とは，人や意見，モノ，あるいは出来事に関する個人の意見や気持ちである。もしあなたが何かを好きだとすれば，それは1つの態度の現れである。態度を測定するために使用される方法には，一般的に2種類ある。

　第一はリッカート尺度であり，評定加算法とも呼ばれる。それは，以下のような5段階から7段階の尺度を用いる。

─┼─	─┼─	─┼─	─┼─	─┼─
強く同意する	同意する	どちらとも言えない	同意しない	全く同意しない

　検査を受ける人は，たとえば"毎回の食事にチョコレートが含まれているべきである"といった項目について，上記のような評定尺度上で最も当てはまるところを選択する。リッカート尺度では，意見の程度を表す選択肢を選ぶことによって態度が測定される。複数の項目それぞれについて，評定尺度上で積極的な賛成から積極的な反対までのいずれに当てはまるか反応を求めた上で，全ての項目に対する被検者の反応を総計して，個人の態度得点が算出される。被検者が，それぞれの項目に対して好き勝手に評定尺度上の片側だけで回答しないようにするために，しばしば（"毎回の食事にチョコレートが含まれているべきではない"というような）逆の態度が述べられた項目（逆転項目）が含められる。

　サーストン尺度は，等現間隔尺度とも呼ばれる。何らかの意見を表す大量の項目を収集し，当該項目が「非常に否定的」から「非常に肯定的」（あるいは両極を表す何か他のラベルが用いられることもある）までの尺度のどこに位置するかについて多くの人に判定してもらい数値化する。判定者間の数値のばらつきが少ない項目を選び出し，さらに，それらの数値がほぼ等間隔になるよう項目を選んで配置する。そうしてできた尺度上で，被検者が同意するものとして選択した項目の数値が，その個人にとっての態度得点となる。

どちらを使うべきか。まず，関心を持っているトピックに関して，態度尺度が既に存在しているかどうかを確認しよう。もし既存の尺度がなければ，どちらも同様に有効であるが，リッカート尺度は，集団内での個人の相対的な位置を見るのに適しており，サーストン尺度は，集団の平均的な態度から個人の態度がどの程度離れているかを見るのに適している。

　　　　　　　もっと知るには？　質問62，72，73を参照。

質問 75

項目分析とは何ですか？ また，学力検査を評価する際に，それはどのように用いられますか？

　学級内で実施されるような学力検査は，個人が，ある特定の内容に関する知識を持っているかどうか評価することに焦点を当てている。しばしば，そのような検査の項目は多肢選択形式であり，設問と選択肢から成る。
　たとえば，ここでの設問は，

$$問題9. \quad 5 + 10 =$$

そして，ここでの選択肢は

A.　10
B.　25
C.　15
D.　 5

　項目分析の役割は，各項目に対する全ての反応を分析し，（教師やテストの作成者，もしくはテストの実施者に対して）項目が"良い"か"良くない"か（そしてより詳細な内容についても）知らせることである。
　ある項目の項目分析は，各項目について2つの得点を作ることで成立する。
　1つめは，困難度指標である。これは当該項目に正答した個人の割合であり，0％（誰も正答しなかった）から100％（全員が正答した）までの値をとる。
　2つめの指標は識別力である。これは，ある項目に関して，低得点の受験者たちの正答率と，高得点の受験者たちの正答率とを比較することにより分かる。
　これら2つの指標に，テストの作成者が最も良い項目を作るための指針となる。
　それでは，良い項目とはどんなものだろうか。最も良い項目は，そのテストにおいて良くできる者とあまりできない者とを完璧に区別する項目である。言い換えると，当該テストで高得点をとった者はその項目に正答し，当該テストで低得点をとった者は正答しない項目ということになる。この場合，識別力の指標は1もしくは100％となる。

困難度に関して言えば，最も良い項目は，困難度の程度が50％である項目，すなわち，受験者全体の半分が正答し，半分が間違える項目である。どのような半分かと言えば，当該項目に正答した者は，そのテストにおける高得点者であり，当該項目を間違えた者はそのテストにおける低得点者である。実際に，項目の識別力は，困難度によって制限される。ある項目に対して，受験者の50％が正答する時のみ，当該項目に完全に識別力があることになる。

　　　　　　　もっと知るには？　質問68，72，73を参照。

質問　76

パーセンタイル，あるいはパーセンタイル順位とは何ですか？

　素点と，変換あるいは標準化された得点とでは，異なる種類の情報が得られる。標準得点が重要である理由は，標準得点を用いると異なる分布から得られた得点を互いに比較できるからであり，それについては既に説明している（質問59参照）。

　個人の素点を理解する別の方法として，データセットの中の残りの得点との相対的な関係から当該得点を検討するという方法がある。例として，ある人が学力検査で98点をとったということが分かっているとしよう。その得点は，集団内の他の得点との相対的な関係では，どのようなことを意味するのだろうか。

　パーセンタイルあるいはパーセンタイル順位は，得点分布上の点であり，それより下に所定のパーセンテージの得点が含まれる境目となる点である。言い換えれば，データセットの得点の数にかかわらず，全体を100に換算した時の順位で，低い方から何番めかを指す。最高得点がそれ自体を上回ることはあり得ないため，100にはならない。

　たとえば，45パーセンタイルは，データセット全体における全ての得点のうちの45％が当該得点よりも下に入る得点のことである。パーセンタイルとパーセンタイル順位（しばしば同じ意味で用いられる用語）は，検査結果を報告する際に，おそらく最も頻繁に利用される。パーセンタイルやパーセンタイル順位が報告される時，しばしばP_{45}というように表される。

　しかし，お気づきのように，こうしたパーセンタイルの定義は，絶対的な成績については何も示さない。ある人のパーセンタイル順位が45である場合，素点は88でも，25でもあり得る。つまり，分からないのである。しかしながら，パーセンタイルが低いほど，当該個人の集団内での順位もより低くなる。

　　　　もっと知るには？　質問62，73，75を参照。

質 問　　**77**

適応型テストとは何ですか？

　全ての検査ツールには，測定されている内容が何であれ，被検者の真の得点に可能な限り近づくようにするという主要な目的がある。比較的新しい検査モデルに，適応型テスト（コンピューター適応型テストとも言う）がある。適応型テストは，回答中の被検者の成績を基にして，項目の困難度を調整する。言い換えれば，被検者が先の項目に正答したか間違ったかを基に，プログラムによって，テストの効率が最大限になり被検者の真の値に近づくように次の項目が選ばれる。これを遂行するために，適応型テストは，以下のような一連の過程をたどる。

- 第一段階では，被検者がテストに取り組み始める。どこから始めるかは，被検者の能力に関する出題者の見積もりで決まる。検査過程はコンピューターで処理され，項目は被検者の成績に応じて提示される。
- 第二段階では，どれが最も良い次の項目であるかを決めるために，テスト・バンク（準備された項目が収められているところ）に含まれる全ての検査項目が，それまでの被検者の成績に応じて評価される。
- 第三段階では，最も良いと見なされた次の項目が実施される。
- 第四段階では，コンピューター・プログラムが，実施された全ての項目に対する被検者の回答を基に，新たに能力の程度を見積もる。

　第二段階から第四段階は，テストが終了するまで繰り返される。
　目標は，被検者の真の得点に可能な限り近づくことである。それによって，より信頼性と妥当性を有する評価ができる。適応型テストとして現在利用可能な検査のリストと適応型テストに関する情報は，http://www.iacat.org/ というURL上のIACAT（International Association of Computerized Adaptive Testing）で見ることができる。
　適応型テストの利点は，より正確であり，より短時間で実施できることにある。なぜなら，適応型テストでは，同じ精度の項目が全体の50％を占めるように調整でき，簡単すぎたり難しすぎたりする項目に対して被検者があまり時間を割かずに済み，また結果がすぐに利用可能となるからである。

もっと知るには？　質問63，73，78を参照。

質問　78

フェア・テスト・ムーブメントとは何ですか？
また，その基本的な目標は何ですか？

　検査は大規模なビジネスであり，被検者は不利益を受けかねない立場に置かれていると多くの人々が認識している。なぜなら，それは非常に大きな産業となっており，時に，能力を正確に評価してそれらの結果を有効に使うことよりも，得点を収集することにより重きを置く事態を招くからである。

　フェア・テスト・ムーブメントは，"学生，教師，学校の評価は，公正で，公開され，妥当性を有しており，教育的に役立つものである" ということを保証できるようにするために生み出された（http://www.fairtest.org/）。ここでは，フェア・テストの原則を見ていく。原則の文言をゴシック体で強調して示す。

1. **評価は公正で妥当性を有していなければならない。** 人種や民族，性別，所得水準，学習スタイル，障害，限定的な英語の熟達状態に基づく個人に対する偏見がないようにして，学生の知識や能力を測定するために平等な機会を提供しなければならない。
2. **評価は公開されなければならない。** 一般の人々が，信頼性や妥当性の証拠を含め，検査や検査のデータに関する情報をよりよく利用できなければならない。評価が重大な意味を持つ場合には，検査と検査結果が親や教師，学生に公開されるべきである。
3. **検査は適切に用いられなければならない。** 標準化された検査得点は教育上の重大な決定をするための唯一の基準ではなく，教育課程が標準化されたテストによって決められないことを保証するために予防策を設けなければならない。
4. **学生と学校の評価は，長期にわたり実施される多様な種類の評価によってなされるべきである。** たった1つの測度で個人の知識や価値や学業成績を決めることはできず，するべきでもなく，また，機関に関する適切な評価を提供することもできない。

5. 既存のものにとらわれない新しい代替的な評価方法が利用されるべきである。公正かつ正確に学生やプログラムの強みおよび弱みを診断する評価方法を，教師たちが有効に利用できるよう，十分に専門的能力を備えた上で計画され，実施される必要がある。

もっと知るには？　質問20，73，77を参照。

質問 79

検査が多数収録されており，
そこから選ぶことができるような資料はどこで見つけられますか？
また，どのように選べばよいですか？

研究で使用する検査を選ぶことになった場合，手始めとするのに良い場所がいくつかある。こうした情報源は，自身の研究と同じトピックに焦点を当てている文献や論文の徹底的な検索およびレビューを補完するために用いるべきである。どのような測定尺度が使用されているかを見ることができ，その後，それらの尺度を検討できる。

インターネット上の情報源であれば，検査やレビューに関する情報が最もよく集められているところは，ネブラスカ大学にある Buros Center for Testing（http://buros.org）である。ここでは，以下の18のカテゴリーに分けられた検査のレビューを見ることができる。

- 学力
- 行動評価
- 発達
- 教育
- 英語と言語
- 芸術・美術
- 外国語
- 知能と一般適性
- 数学
- 複合領域（Miscellaneous）
- 神経心理学
- パーソナリティ
- 読解
- 科学
- 感覚運動
- 社会科
- 言語と聴覚
- 職業

ある特定の検査について名称や関連するレビューをアルファベット順に検索することもできる。検査自体は入手できず，コピーを入手し使用許可を得るためには検査の発行元に連絡しなければならない。
　レビューの実例は，次のような情報で構成されている。すなわち，タイトル，目的，母集団，発行日，検査の省略名称，得点，個人検査か集団検査か，価格，所要時間，作成者と発行元，さらに，当該領域の知識に長けた専門家による検査に関する広範なレビューである。Buros のホームページは，無料で利用できるが，レビューの閲覧にはそれぞれ15ドルほどかかる。Buros に収録された内容は，しばしば大学のホームページを通して利用可能であり，登録利用者には費用がかからないことを覚えておくとよいだろう。

もっと知るには？　質問66, 68, 72を参照。

パート8
さまざまな研究法の理解

質問 80

実験計画とは何ですか？
また，主な実験計画の種類は，
それぞれどのように異なりますか？

　実験計画は，設定した因果関係に関するリサーチクエスチョンの答えを見出すために，また，関連する研究仮説を検証するために，用いられる計画である。それは実験全体にかかわる計画であり，基本的に3種類ある。すなわち，予備実験，準実験，真の実験である。それぞれどのように異なるのかを以下に示す。

	予備実験	準実験	真の実験
統制群が存在するか？	通常ない	しばしばある	ある
参加者は母集団から無作為に抽出されているか？	されていない	可能な範囲	されている
参加者は各群に無作為に割り付けられているか？	されていない	可能な範囲	されている
処置は無作為に各群に割り当てられているか？	されていない	可能な範囲	されている
正確さと統制の程度	最も小さい	いくらかある	最も大きい

　ここでは，単一事例研究と呼ばれる非常に単純な予備実験計画の例を示す。

	事前テスト	処置	事後テスト
実験群	なし	あり	なし

　たとえば，住宅型老人ホームで暮らす90歳の高齢者1名を対象として，食習慣が毎日の日誌を通して評価される場合を考えてみよう。"処置"はデータ収集であるが，比較対象となる個人やグループはない。
　次ページの表は，事後テストのみの統制群計画と呼ばれる非常に単純な真の実験計画の例を示している。

	事前テスト	処置	事後テスト
実験群	なし	あり	あり
統制群	なし	なし	あり

　このような計画では，検討の開始前に実験群と統制群が（可能な限り）同じである必要があり，事後テストにおけるあらゆる差は処置の結果によるものであると仮定される。全ての実験参加者は，処置を除いて全て同じ影響を受けているため，事後得点におけるあらゆる差は，一定の限界はあるものの，処置の結果として生じたと考えることができる。

　たとえば，実験群では，老人ホームに居住する高齢者がいつ何を食べるかについて指示を受けた後，事後テストを通して体重の状態が評価されるとしよう。この場合，事前テストはなく，統制群は処置（何を食べるかに関する指示）を受けない。

　　　　　もっと知るには？　質問85，86，87を参照。

質問 81

単一事例研究とは何ですか？
また，この計画を用いる際の長所と短所は何ですか？

　さまざまな実験計画があり，予備実験計画よりも準実験計画，それらよりもさらに真の実験計画という順序で，正確さとともに統制の程度も増す。そうなることが望ましい結果のように聞こえるかもしれないが，あまりに過度な統制は新しい状況への一般化可能性を減じてしまう。

　比較的小さい統制で大きな一般化可能性のある計画が単一事例研究である。この計画では，実験参加者集団が処置を受け，その後，参加者たちはいくつかの従属変数について評価される。たとえば，中年の男女の集団がウェイト・トレーニングのクラスを受け，その後に技能の程度が検討される。

　既にお気づきと思うが，この種の計画の最も重大な欠点は，統制群がなく，参加者の最初の状態を定義するための事前テストもないことである。群間差や時間経過に伴う差があるかどうかを調べるために，これらの参加者と他の者とを比較することができない。そのため，ウェイト・トレーニングによる影響があったのかどうか判断することが非常に難しい。

　しかしながら，こうした単一事例研究にはいくつかの十分説得力のある理由がある。

　第一に，事例研究のように，たった1人の研究参加者やたった1つの施設や事件を研究するために最も使いやすく，極めて詳細な検討が可能である。

　第二に，この計画を用いて群間比較や処置の効果の問題に答えようとすることは適切でないが，むしろ，ウェイト・トレーニングの経験や，それが参加者にとってどのような意味を持つのか，あるいは参加者がどのように役立ったと考えているのか，最も好きな点と嫌いな点は何か，といったことに関心を持っているとしたら，そうした内容は，この実験計画を用いた研究により適した焦点になるだろう。

　最後に，この計画は探索的研究に利用され，その結果は今後の研究課題（たとえば，あるプログラムの参加者は社会的接触が増加するかどうか，など）を示唆し，後により統制された実験計画を用いることもできる。

もっと知るには？　質問80，85，86を参照。

質問 82

相関研究がどのようなものかは知っていますが，いつ，そして，どのように用いられますか？

　相関研究は，2つ以上の変数，たとえば，親が子どもと一緒に読書に費やす時間数と子どもの読解力といった変数の間に存在する関連を検討するものである，ということは知っているだろう。

　相関とはどのようなもので，それらは何を意味するのだろうか。

　相関研究は（驚くにあたらないが）相関係数を拠り所としている。相関係数は，変数間の関連を表す数的指標である。それは－1.0から＋1.0までの範囲で変動し，たとえば，.75, －.23, .02（正の値の場合，プラスの記号は省略される）といった値をとる。

　上記の読書の例では，2変数間の相関は正であり（これは，先行研究から分かっている内容である），親が子どもと一緒に読書に費やす時間が多いほど，子どもの読解力得点が高くなる，と結論される。ここでは，ある変数がある方向に変動するのに伴って（親が子どもと一緒に読書をする時間がより多いほど），他方の変数も同様に変動する（子どもの読解力がより高い）。

　負の相関についてはどうだろうか。テレビを見て過ごす時間が多いほど，個人の身体的な健康度が低い，というように，重要な点はある変数がある方向に変動するのに伴って（テレビを見る時間がより多いほど），他方の変数が反対の方向に変動する（身体的健康度がより低い）という点である。

　以下に，概要をまとめた表を示す。↑は値が増加することを，↓は値が減少することを，それぞれ意味する。

一方の値	他方の値	相関
↑	↑	正
↓	↓	正
↑	↓	負
↓	↑	負

相関係数は得点のまとまり方に基づいており，これらの値（ペアごとに1つの点）を付置した場合，下図のようになる。ここでの相関は.898である。

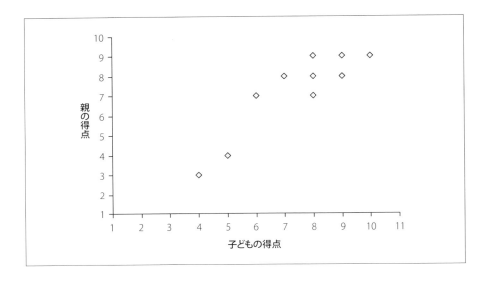

これは，全体で10組のペア・データを基にした正の相関であり，親の得点が高いほど，同様に子どもの得点も高いと言える。また，親の得点が低いほど，同様に子どもの得点も低い。両者は同じ方向に変動する，つまり，正の相関である。

相関は，$r_{parent.children}$ のように，関連を検討している変数を下付き文字で付記（2変数を区分する小さな点が必要）した小文字の r で表される。

主として，相関では，関連の強さを検討する。1つの数値から，2つの事柄（変数）の関連がどの程度強いのか，あるいは，両者がどの程度共通しているのかについて，情報が得られる。それらがより多く共通しているほど，関連はより強くなる。

しかし，相関では，ある変数と他の変数との間に関連が見られたとしても，一方の変数が他方の変数に何らかの影響を及ぼしているかどうかについては，何も言えない。言い換えれば，相関は変数間の関連を理解するのに役立つ優れ物であるが，それらの因果関係については何も分からないのである。

  もっと知るには？　質問80，83，85を参照。

質問 83

相関は2変数間の関連を表す，ということを知っていますが，それをどのように解釈すればよいですか？

　相関係数の解釈には基本的に2通りある。1つは，大雑把な見積もりのようなものであり，もう1つは，少しばかり計算を伴うものである。大雑把な見積もりによる方法は，数値を見て判断することになる。たとえば，動機づけと成績との相関が.7である場合，（過去の経験に基づき）強い関連があると判断し，そのように表記する。

　相関係数は，2変数間の関連の程度を表す数的指標であり，－1から＋1までの間を変動し，その範囲内のどのような値をもとり得る（質問82参照）。また，相関係数の符号ではなく絶対値が，相関の大きさを決めている。したがって，－.4という相関は＋.3という相関よりも関連が強いことを示す。

　では，解釈の話に移ろう。

　大雑把な見積もりによる方法では，この関連の強さを判断するために以下の指針を利用するだけである。

相関の範囲	相関の程度に関する大雑把な見積もり
.8 〜 1.0	非常に強い
.6 〜 .8	強い
.4 〜 .6	中程度
.2 〜 .4	弱い
0 〜 .2	関連があると考えなくてよい

　相関の強さを判断するためのよりいっそう洗練された方法は，値を二乗することによる。それは r^2 と呼ばれるものになり，この値は決定係数として知られている。どのようなものか以下で見ていこう。

　$r_{x,y}$ という相関係数は x と y とが関連する程度を表す。しかし，それはまた，両者がお互いにどの程度共通しているか，言い換えれば，各変数がお互いにどの程度の分散を共有しているかを表すものでもある。r^2 は，一方の変数の分散が他方の分散によって説明される量を表す。互いに共有し合う程度が大きいほど，相関はより強くなる。

たとえば，身長と体重は通常強く関連する。なぜなら，それらは非常に多くの分散を共有しているからである。何を共有し合っているのかと言えば，身長と体重を規定する変数，たとえば，食習慣や遺伝，全般的な健康状態，運動の程度などである。他の例としては，社会経済的地位と健康状態との間にも強い相関が見られる。両者の間で共通しているのは，主に所得である。より高い所得階層にいる人々は，医療をより簡単に受けることができ，それゆえ，より健康なのである。

　社会経済的地位と健康状態との間の相関が.7であれば，決定係数は.49もしくは49％である。これは，社会経済的地位の分散の49％が健康状態と共有されていることを意味する。

　2変数間の相関がゼロの場合，それらは何も共有し合っておらず，何も共通していない。完全に相関している場合（+1.0もしくは-1.0），決定係数r^2は100％であり，それらは全てを共有し合っていることになる。興味深いことに，相関を評価する大雑把な見積もりによる方法では強い関連と見なされているものの（前ページ参照），.6～.8の相関は，36％（$.6^2$）～64％（$.8^2$）という決定係数，すなわち特に高くはない値を示す。

　ここでの教訓は何かと言うと，扱っている変数が意味のある関連を有すると私たちが確信するには，相関がかなり高くなければならないということである。

もっと知るには？　質問82，93，94を参照。

質問 84

準実験計画の例にはどのようなものがありますか？
また，どのような時にそれを用いるのが適切ですか？

　準実験計画は独立変数を含む計画であり，そこでは，実験参加者があらかじめ，群に割り当てられている。たとえば，ある特定の薬物が認知症の患者の記憶を改善するかどうかを検討するために実験が実施されるとしよう。そうした病気の多くが男性と女性とで異なる影響を示すため，実験計画には性別が含まれている。2つの独立変数があり，1つは性別，もう1つは特定の薬物の投与量などの処置の水準である。従属変数は短期記憶テストの得点である。計画は以下のようになる。

		投与量の水準		
		投与量1	投与量2	処置なし
性別	男性			
	女性			

　性別の変数がここでの関心事である。なぜならこの変数の設定によって，この計画は実験参加者があらかじめ群に割り当てられている準実験計画とみなされるからである。つまり，彼らは実験が始まる以前から，それぞれの群のメンバーなのである。年齢，支持政党，クラブ会員，社会階級，所得などの他の独立変数も同様である。
　なぜこれが研究者にとって重要なのだろうか。主な理由は，これらの群への実験参加者の割り付けが研究者に統制されていないため，全ての実験参加者が処置群のいずれかに無作為に割り当てられる真の実験計画において期待されるより，準実験計画の全体的な正確さが低くなるからである。
　準実験計画の最も重要な使い方には，たいてい選択の余地はないのだが，明らかに実験参加者を割り当てられないような条件，たとえば，病気，児童虐待，離婚などを研究する上での倫理的問題が関わっている。単に研究に参加するだけのために，自発的に病気にかかったり，子どもを虐待したり，離婚したりするような人は間違いなくいない。また，研究者もそのような条件を絶対に作らない。

前述のような"事前に割り当てられる"独立変数と,そうではない独立変数とが含まれる実験をしてもよいだろうか。もちろんしてもよい。しかし,2つの独立変数間の違いと,"統制された処置ができない"変数を含むことによってもたらされる潜在的な限界を認識する必要がある。

もっと知るには？　質問5, 35, 80を参照。

質問 85

内的妥当性とは何ですか？
また，なぜそれは実験計画において重要なのですか？

　内的妥当性とは，操作された要因（独立変数）によって従属変数の変化がもたらされる，という実験の質を指す。内的妥当性の概念は，1963年に発表されたドナルド・キャンベルとドナルド・フィスクの有力な研究論文から生まれた。

　実験が内的妥当性を有している場合，研究において操作された要因によって結果がもたらされたと言うことができる。たとえば，ある病気に対する特定の薬物の効果を検討する研究では，実験群は投薬を受け，統制群はプラセボ（偽薬）を投与されるだろう。他の全ての条件は可能な限り同一にすべきである。もし関心のある変数が，病気の再発頻度であれば，そして，薬物の投与のみで（他の要因はなくとも）その病気の再発頻度が変化するという結果が得られれば，その実験は内的妥当性を有すると考えられる。

　もし，実験に統制群が含まれていなければ，それは明らかに，実験に内的妥当性がない理由の1つとなる。比較を伴わずに，処置に効果があるとは言えないからである。成熟，歴史的要因（出来事），回帰，交絡（処置〔独立変数〕と結果〔従属変数〕の両方を規定する想定外の要因の影響）など，内的妥当性を脅かす他の事柄も同様に重要な役割を果たす。

　たとえば，インタレスト・クラブが高校1年生の間の友情の発達に及ぼす影響について，情緒的，身体的，社会的成長のそれぞれを通して検討するために，たった1つの青年のグループが検討されたとしよう。この青年たちが変化することは確かであるが，処置を受けた群と比較するための対照群がなければ，正しい結論に達するとは考えられない。明らかな解決法は，統制群を設定することである。これにより，（両群は同じ速度で成熟すると仮定できるため）あらゆる群間差はインタレスト・クラブへの参加によって生じていることを保証できるようになる。

　　　もっと知るには？　質問80，86，87を参照。

質問 86

外的妥当性とは何ですか？
また, なぜそれは実験計画において重要なのですか？

　ご承知のように, 内的妥当性は, 独立変数の有効性を扱っている。外的妥当性は, ドナルド・キャンベルとジュリアン・スタンレイによって作られたもう1つの非常に重要な用語であり, 実験結果がいかに一般化可能であるかを扱っている。言い換えれば, 実施された実験の結果を, その実験の参加者とは違う状況におかれている別の参加者に対して, いかにうまく一般化できるか, ということである。

　内的妥当性と同様に, 外的妥当性への脅威は, 統制群の設定により抑えることができる。統制群と実験群はほぼ同一とまではいかなくても類似しており, 観察された差は処置の効果と考えられる。

　外的妥当性に対する脅威の1つは, **状況効果**である。結果を一般化しようとする新しい状況には, 結果の一般化可能性を減じる要因が存在するかもしれない。たとえば仮に, インフルエンザ・ワクチンの接種を受けるにあたり不安になっている患者を落ち着かせるための研究が行われたとしよう。処置（深呼吸訓練）は非常に効果的であることが認められた。しかしながら, その結果を新しい状況に一般化することになった時に, 新しい状況では医療従事者が次の患者を呼ぶ際, 注射器を手にしたまま待合室にやってくることが分かった。患者が予防接種を受けようとしているかどうかにかかわらず, 注射器の存在だけで患者の不安の程度は確実に影響を受け得る。

　外的妥当性に関して検討すべき事柄は, もとの状況には存在していなかったどのような要因が, 新しい状況に存在するのかである。そうした要因が, 処置の効果を妨害するかもしれない。

　　　　　もっと知るには？　質問84, 85, 87を参照。

質問　87

内的妥当性と外的妥当性の間の矛盾とは
どのようなものですか？

　内的妥当性と外的妥当性は強い逆比例の関係（一方が増加すると他方が減少するという関係）にはないが，少しばかり矛盾がある。

　独立変数の操作によって従属変数の変化がもたらされることが実験によって示される場合，内的妥当性が高いと言える。実験結果が新しい状況に一般化され得る場合，外的妥当性が高いと言える。内的妥当性は，要は統制のことであるのに対し（より多く統制すれば，内的妥当性がより高くなる），外的妥当性は，要は新しい状況に結果を適用することである。

　ここで問題だが，独立変数における変動が実際に従属変数における変動をもたらすという仮説を適切に検証することができ，なおかつ，比較的統制が少ない他の状況への一般化可能性を保つような統制を，実験でどのように確保することができるだろうか。この質問に対する絶対的な答えはなく，本書の中でしばしば述べてきたように，答えは立てられたリサーチクエスチョンによる。

　リサーチクエスチョンの焦点が絞られており，仮説の適切な検証のためにかなりの統制が必要となる非常に特別な状況だけで結果が得られる場合，実験の内的妥当性は高いはずである。しかしながら，非常に厳しく要因が統制されているために，あまり統制されていない状況に対して結果を一般化することは難しく，その実験が外的妥当性を有していると言うことはできなくなる。

　リサーチクエスチョンが非常に包括的な問いであり，明らかに結果の応用が容易である場合，こうした外的妥当性の高さが，内的妥当性の高さとともに成り立つことは難しい。なぜなら，幅広い応用可能性は，少なくとも，結果に影響する要因の統制が多少とも欠けていることの証左だからである。

　もともとの質問に関して，内的妥当性と外的妥当性は常にバランスを要するものである。最も良い方略は，リサーチクエスチョンの背景について，そして内的妥当性と外的妥当性の変動が意味することについて，よく知ることである。

　　　　　もっと知るには？　質問38，85，86を参照。

パート8　さまざまな研究法の理解

パート9
推測と有意性に関する問題

質問 88

統計的有意性とは何ですか？
また，なぜ重要なのですか？

　統計的有意性とは，帰無仮説が真である時に，それを棄却してしまう誤りをおかす危険性のことである。生じる危険性の程度は，有意性あるいは有意水準 α として知られており，慣習的に .05 もしくは .01 に設定されている。

　非常に重要かつ基本的な2つの考え方がある。第一に，（たとえば）群間比較が行われる際に，他の情報がなければ，2群はお互いに差がないと仮定する。それが出発点である。そして，2群間に何らかの差がある場合，それは，偶然，すなわち不規則変動のために生じたと考えられる。したがって，グループ1とグループ2が，広告に対する態度において異なる場合，その差は何か特別なこと（広告の配色や，広告内の俳優の人種）による結果というよりはむしろ不規則変動による結果と考える。

　第二に，比較は両群に差がない（等しい）と仮定した状態と実際の実験結果との間で行われる。差がない場合は帰無仮説が最も良い説明であり，なんらかの差が観察された場合は研究仮説が最も良い説明となる。観察された差が偶然予測される程度より十分に大きい場合，「有意な結果が得られた」と表現される。

　専門的には，研究仮説の検証において有意水準を .05 に設定する場合，それは，仮説検定において帰無仮説（差がない）が実際には正しいとしても，正しくない（差がある）として棄却してしまう確率が5％ある，ということを意味する。また，有意水準が .0001 に設定された場合（その種の過誤をおかす確率をかなり減少させる値）でも，そうした過誤が生じる確率は依然としてある。

　確実なことは何もないが，有意水準をより厳しく設定することによって，検定に基づく推測の精度をいくぶん上げることができる。

　　　　　もっと知るには？　質問3，91，96を参照。

質問 89

研究プロセスの中で考慮すべき過誤(エラー)には，どのような種類がありますか？

　研究仮説を検証する時，考慮すべき2種類の過誤（エラー）がある。両者はともに，帰無仮説の状態（真か偽か）と，研究上の行為（帰無仮説を棄却するか採択するか）によって決まる。以下に，これらの場合分けを明確にするのに役立つ，4区分された表を示す。

	帰無仮説が真	帰無仮説が偽
帰無仮説を棄却	a. 第一種の過誤，もしくはアルファ（α）すなわち有意水準	b. ☺ 正しい判断
帰無仮説を採択	c. ☺ 正しい判断	d. 第二種の過誤，もしくはベータ（β）

　例として，中年の工場労働者の2群間で過去の出来事に関する再生テストの得点に差が見られない，という帰無仮説を仮定しよう。データとその分析結果に基づいて，帰無仮説が真の時に採択し，帰無仮説が偽の時に棄却をしていれば，表中の状況bと状況cのように正しい判断となる。母集団は決して直接的には検討されないため，帰無仮説が"本当に"真なのか偽なのか実際に知ることはできない，ということは覚えておこう。

　状況aでは，帰無仮説が真の時に棄却しているため第一種の過誤をおかしてしまうことになる。すなわち，実際には2群間に全く差がないのに，差があると結論する過誤である。第一種の過誤は，帰無仮説の検定に際し，こうした過誤をおかす確率を示している。

　第二種の過誤は，帰無仮説が偽である（2群間に実際に差がある）が，差がないという帰無仮説を誤って採択する時に生じる。

　これら両方の過誤に関して，誤りを最小限に抑えるためにいくらか調整をすることができる。第一に，α水準を設定し，設定された値で研究仮説を検証する。第二に，標本が大きいほど，第二種の過誤をおかす可能性が低減される。

　　　もっと知るには？　質問88，92，96を参照。

質問 90

研究報告では，$p = .042, df_{(22)}$ といった記載をよく見ます。それらは何を意味しますか？

経験的仮説を検証する学術論文を読むとき，p と df のようないくつかの記号や略語にきっと出くわすだろう。これらは何も特別なものではないが，研究報告をきちんと理解して読むために，それらが何を意味するのか知る必要がある。

研究報告では，p は確率を表し，たいてい，第一種の過誤の確率を述べる時に用いられる。たとえば，もし $p = .042$ という表記を見かけたら，それは第一種の過誤が生じる確率が .042 であることを意味する。さらに具体的に言うと，それは，帰無仮説が正しいにもかかわらず，検定において帰無仮説を棄却する可能性が100回中4.2回あるということを意味する。（新しいデータに関する）帰無仮説の検定において，検定ごとにその都度 p 値は変化する。

p 値の後ろに以上（>）や以下（<）が続くのを見かけることもあるだろう。それは，しばしば，第一種の過誤の確率について正確な値を利用できない場合であり，次のように読みとることができる。

$p < .05$ は，第一種の過誤の可能性が5％よりも小さいことを意味する。

または，

$p > .05$ は，第一種の過誤の可能性が5％よりも大きいことを意味する。

（たとえば）$p = .042$ ではなく $p < .05$ を見かけるのはどのような場合だろうか。コンピューターでの分析結果から過誤の正確な水準を利用するのではなく，結果の有意性検定のために表が利用される場合には，通常，以上や以下といった記号が使われる。表を用いる場合，結果が生じる可能性がより高いか低いかということだけしか述べることができず，正確な確率がどの程度かについては示せない。

第一種の過誤の確率は仮説検定に用いる確率分布を基に算出されるが，この確率分布の形は自由度と呼ばれる指標によって決まる。そのため，第一種の過誤の確率（有意水準，α）の意味するところを理解するためには，検定結果として自由度の大きさも示す必要がある。自由度は，df（自由度の英語表記である degrees of freedom の省略）という表記で表され，たとえば，自由度が22であれば，$df_{(22)}$ というように示される。

通常，検定統計量の値とともに p と df の両方が，以下のように研究報告の中で一緒に記載される。

$$t = 1.063, p > .05, df = 16$$

これは，自由度が16の確率分布（この場合，t 分布）を用いた際，t 検定の統計量である t 値が1.063で，第一種の過誤の確率（有意水準，α）が.05水準を超えている，すなわち結果は有意ではないことを意味する。これは以下のようにも表される。

$$t_{(16)} = 1.063, p > .05$$

もっと知るには？ 質問91，96，97を参照。

質 問 91

SPSSのような統計プログラムでは，有意水準はどのように表示されますか？

SPSSのようなコンピューター・プログラムを利用する場合と，有意性の値を手計算する場合との主な違いは，使い勝手の良さと正確さである。

実験結果が統計的に有意かどうか判定する際は，分析で得られた水準を限界値と比較することになる。限界値は，用いられた検定の種類や研究仮説が検証される有意水準，および群のサイズと関連している。こうした比較が，たとえば平均値間の差を分析する単純な t 検定に関して手計算で行われた場合，次のような結果になる。

$$t_{(22)} = -2.455, p < .05$$

これは，-2.455 という得られた値が，自由度22の時に .05水準で有意である，ということを意味する。

コンピューター・プログラムの場合は，出力のされ方と算出にかかる労力がかなり異なる。

以下の表は，同様に平均値間の差を検定したSPSSプログラムの出力の抜粋である。

標本の独立性の検定

		平均値の等質性に関する t 検定			
		t 値	自由度	有意確率（両側）	平均値の差
社会的外交性	等分散を仮定する	-2.455	22	.022	-2.210

得られた t 値は -2.455，自由度は22であることが見て分かるが，有意性を判定するために表を使用しなくても，第一種の過誤が生じる正確な確率が .022であると分かる。$p < .05$ よりもはるかに正確である。

コンピューターの出力が非常に良いもう1つの理由は，表をコピーして，簡単に報告書やその他の文書へ貼り付けることができる点にある。

もっと知るには？　質問88, 90, 93を参照。

質問 92

検定力とは何ですか？
また，それはなぜ重要なのですか？

　ご承知のように，第一種の過誤は有意水準あるいはアルファ（α）として知られており，正しい帰無仮説を棄却してしまうことである。こうした過誤は極力避けなければならない。もう1つの避けるべき過誤は，正しくない帰無仮説を採択する時に生じる。そうした過誤をおかすことが，第二種の過誤あるいはベータ（β）として知られている。

　検定力は，正しくない帰無仮説を検出し棄却する能力のことであり，$1-\beta$ と等しい。実際には（帰無仮説が）真ではないが棄却し損なうという第二種の過誤を最小限に抑えるこが，標本の大きさと研究の方法から可能となる。

　検定力は，研究仮説の検証の質のことであり，研究仮説の実際の検証に先だって，もっと言えば，実験計画のもっと前の段階で評価ができる。それは，通常，次の3つの要因から評価される。

- 予測される処置の効果の大きさ
- 標本の大きさ
- 設定された第一種の過誤の確率

　予測される処置の効果が大きいほど，有意差の検出がより容易になり，検証すべきことを検出し，誤った帰無仮説を棄却する力がより大きくなる。

　標本の大きさは，大きいほど母集団をよりよく反映するようになり，母集団の特性により近づく。それゆえ，なんらかの差をよりよく検出するには，通常よりも大きめの標本が必要になる。

　最後に，有意水準がよりゆるやかで大きくなるにつれて（たとえば.01から.05になる），帰無仮説を棄却するための限界値がより小さくなるため（帰無仮説が棄却されやすくなり），有意差がより検出されやすくなる（つまり，第一種の過誤の確率は大きくなるが，第二種の過誤の確率は小さくなり，結果として検定力が上がる）。

　これら3つの条件（処置の効果の大きさ，標本の大きさ，第一種の過誤の確率）のいずれもが検定力に影響を及ぼすが，それぞれを個別に操作することもできる。そして，研究仮説の検証において虚偽の差を十分に検出する確率を高めることができる。

　　　　　もっと知るには？　質問88，89，96を参照。

質問 93

一般的な統計的検定にはどのようなものがありますか？また，それらはいつ用いられますか？

非常に多くの統計的検定がある。頻繁に使用される統計的検定を概説する前に，検定を選ぶ時に従うべきいくつかの指針をみておこう。

- 選ぶ検定は，設定したリサーチクエスチョンとその問いに答えるために，関連する仮説の検証に使用する方法によって決まる。よくある失敗は，新米の研究者が，設定した問いに答えるために必要な種類のデータを収集しておらず，正しい統計的検定を選ぶことができない，というものである。
- 全ての統計的検定では，結果として値が得られる。そして，その値が有意であるか否かを判断しなければならない。これは，（通常，統計の入門テキストの巻末部分にある）表や，統計分析プログラムを使うことで可能となる。
- 統計的検定はツールである。コンピューターを使ってこれらの検定を実施する前に，手計算をして，結果となる値の算出方法を理解するのが最もためになる。（因子分析など）場合によっては，技法が複雑すぎるかもしれないが，大半の場合，手計算は依然として学ぶための最良の方法である。

次ページの表は，最も頻繁に使用される統計的検定のいくつか（行動科学や社会科学の学術雑誌において頻繁に登場するもの）と，それぞれの検定によってできることについてまとめたものである。

何をしたいか	使用される統計的検定
2群間の平均値の差の検定	t検定
2つ以上の群の平均値の差の検定（1要因）	一元配置分散分析
2つ以上の群の平均値の差の検定（2つ以上の要因）	二元配置分散分析
1つ以上の変数が結果をいかにうまく予測しているかに関する回帰係数の有意性検定	F検定
潜在的因子の存在に関する検討	因子分析
ある群の平均がある値と等しいかどうか	Z検定
ある変数（複数の場合もあり得る）が他の変数（複数の場合もあり得る）をいかにうまく予測しているかに関する検討	回帰分析

もっと知るには？　質問90，95，97を参照。

質問 94

回帰分析とは何ですか？
また，それはどのように用いられますか？

　回帰分析は，1つあるいはそれ以上の変数が他の変数をいかにうまく予測するかという問いに答える非常に有力な技法である。回帰分析では，予測変数（X）は独立変数と呼ばれ，予測される変数（Y）は従属変数と呼ばれる。たとえば，高校3年生の成績順位が大学での最初の学期の成績をいかにうまく予測するかを知ることに興味がある場合，以下のように進めればよい。

1. 高校3年生の標本について，成績データを収集する。
2. 同じ標本について，彼らが大学に入ったら，最初の学期の成績の平均点を収集する。
3. 以下のような回帰方程式を作り，結果を予測するために使用する。

　　予測された大学での成績平均点（Y）＝ 高校3年生の成績順位（X）

　ここでは，単純な回帰分析の問いを使って，まだ大学に入っていない高校3年生から入手した成績順位のデータを基に大学の成績平均点を予測する。高校での順位と大学での成績の間の相関が強いほど，よりうまく予測される。完全な相関（＋1.0もしくは−1.0）がある場合，高校での成績順位によって大学での成績を完璧に予測することができる。しかし，相関はたいていの場合において完全にはならないため，回帰分析は良い解にはなっても完璧な解にはならない。どんな場合にも正しくない可能性が常にあるように，回帰分析にもそれが当てはまる。得点は予測されるが，実際の得点と予測された得点との間には隔たりがあり，それが推定の誤差である。より良い予測は，推定の誤差が小さく，モデルがより正確である。

　より洗練されており頻繁に使用される技法は，重回帰分析である。ここでは，1つより多い要因（変数X）が結果である変数Yを予測するために用いられる。たとえば，大学での成績平均点の予測変数として上述の例で使用された高校での成績順位に，さらに社会奉仕活動への従事時間数やカリキュラム外の活動時間を加えて同じ分析をすることができる。

先にみた単純な方程式ではなく，式は次のように拡張される。

予測された大学での成績平均点（Y）＝
高校3年生の成績順位（X_1）＋社会奉仕活動の時間（X_2）＋カリキュラム外の活動時間（X_3）

より多くの予測変数を使うほど，予測がよりよくできるというのは当然ではあるが，多すぎる予測変数の使用は冗長になり，コストがかかり，効率が悪い。

もっと知るには？　質問83，88，93を参照。

質問 95

パラメトリック検定とノンパラメトリック検定の違いは何ですか？

パラメトリック検定もノンパラメトリック検定も，ともに推測統計の検定である。両者の間にはいくつかの違いがあり，それにより，いつ使うのが適切かが決まる。最も重要な指針のいくつかを以下に示すが，別の種類の検定を使う特別な状況があることに留意してほしい。

1. パラメトリック検定は，正規分布を仮定しているが，ノンパラメトリック検定はあらゆる種類の分布を仮定している（つまり，どのような分布でもかまわない）。
2. パラメトリック検定は群内の分散が等しいことを仮定しているが，ノンパラメトリック検定はそのような仮定はしていない。
3. パラメトリック検定を使用して分析される種類のデータは，測定の水準が間隔尺度もしくは比率尺度であるが，ノンパラメトリック検定では，通常，測定の水準は名義尺度もしくは順序尺度である。
4. パラメトリック検定は通常30以上の標本に対して行われるが，ノンパラメトリック検定はより小さな群に対しても行われる。

研究者が設定する一般的な問いのタイプに対応したパラメトリック検定とノンパラメトリック検定がある。例として，以下に，設定した問いに対応するパラメトリック検定あるいはノンパラメトリック検定をまとめる。

検定の名称	いつ使うのか
変化の有意性に関するマクニマー検定	前と後でどのように変化したかを検討する
フィッシャーの正確確率検定	結果の正確な出現確率を計算する
1標本のカイ二乗検定	ある事象の生起回数がランダムかどうかを検討する
符号検定	対応のある2つの標本から得られた中央値を比較する
マンホイットニーの U 検定	対応のない2つの標本を比較する
フリードマンの検定 二元配置分散分析	2つ以上の標本間の差を検討する

もう1つ重要な注意事項がある。ノンパラメトリック検定は，母集団が正規分布であることを仮定できない時や比較的小さい標本ですませてしまいたい時に，単に使い勝手が良いだけのものではない。それらは全ての研究法と同様に，適用すべき場合が限定されており，思慮深く使う必要がある。

もっと知るには？　質問88, 89, 97を参照。

質問 96

学術論文の中で使用されている"統計的に有意"という用語を，頻繁に目にします。それは何ですか？
また，それはなぜ重要なのですか？

　科学的方法の重要な部分は仮説を検証することである。そして，研究者は，そうした検証結果に価値があり，できる限り"真実"であると結論するために，どの基準を使うべきかという問題に常に直面する。
　この問題に答えるために，統計的有意性が用いられる。分析結果が仮説によって予測される方向にあったとしても，誤った結論に到達してしまう可能性は常にある。こうした間違いをおかす可能性が統計的有意性であり，有意水準とも言う。
　仮説には2つの基本的な種類があることを覚えているだろう。帰無仮説と対立仮説である。帰無仮説は，差がないことについて述べたものであり，対立仮説は差があることについて述べたものである。（検討するのは標本であり，母集団ではないため）帰無仮説も対立仮説も直接的に検証することはできないが，有意性の概念の意味を明確にすると，それを頼りにすることができる。
　専門的に言えば，統計的有意性は帰無仮説が実際には真の時に棄却される可能性と定義される。たとえば，2群について互いに差があるという結果が示されているが，実際のところ両者に差がないという場合である。こうした間違いをおかす可能性が，統計的有意性という概念に反映されている。
　統計的有意性とはそのような過誤（エラー）が生じる危険性である。研究者は実験結果が正確であると確信しているが，研究プロセスは完璧ではないため，間違った結論に到達してしまう多少の可能性が常につきまとう（有意水準とはまさに過誤をおかしてしまう確率である）。
　これらの失敗の可能性はどの程度大きくてもよいのか？　慣習的には，統計的有意性の水準は.01もしくは.05とされている。上記で述べたことから分かるように，有意水準.01は，帰無仮説の検証において，それが実際に真の時に棄却されてしまう可能性が1％あることを意味する。

　　　　　　　もっと知るには？　質問8, 89, 90を参照。

質問 97

結果が統計的に有意かどうか，どのように分かりますか？

　全ての統計的検定には，関連する検定統計量に関わる特定の分布がある。たとえば，平均値の差のための t 検定には，t 値が取り得る全ての値を示す t 分布がある。あなたが学んだり使ったりするだろう推測統計の全ての検定も同様である。これらの分布のそれぞれには，それに関わる表もある。t 検定のための表の一部を以下に示す。

　この表の重要な要素は次の通りである。1つめは自由度であり，これはおおよそ標本の大きさに対応している。2つめは検定の方向性，すなわち片側検定か両側検定かであり，仮説に方向性があるか（片側。たとえば新薬が有効か無効か。新薬が偽薬よりも有効であるいう一方向の仮説を検討するものであり，偽薬の方が新薬よりも有効であるという逆方向の可能性は想定していない），方向性がないか（両側。たとえば，男女の睡眠時間。男女で睡眠時間に差があるという仮説を検討するものであり，どちらが長い場合もありうるため仮説に方向性はない）によって決まる。3つめの有意水準は，このレベルで研究仮説が検証されることを意味する。最後は，t 値の限界値である。表中の限界値は分布内の得点を表しており，その値を越えると，検定結果はあまり起こりそうになく，結果を偶然の可能性に帰属することはほぼ不可能と考えられる。

自由度	片側検定		両側検定	
	.05	.01	.05	.01
20	1.725	2.528	2.086	2.846
21	1.721	2.518	2.080	2.832
22	1.717	2.509	2.074	2.819
23	1.741	2.500	2.069	2.808

それぞれの統計的検定から値が得られる。たとえば，平均値の差に関する仮説検定において，自由度（df）が21の確率分布を用いて方向性がある片側仮説を有意水準.05で検定する時に，$t = 1.834$ が得られたとしよう。この t 値を表中の限界値，この場合は1.721と比較する。もし，限界値が得られた値よりも大きければ，あらゆる観察された群間差に関して，帰無仮説が最も良い説明ということになる。得られた値が限界値を越えていれば，あらゆる観察された群間差に関して対立仮説が最も良い説明ということになる。

　また，ほとんどの統計分析プログラムは具体的な第一種の過誤，あるいは有意水準の値を算出する。それらはみな表示のされ方が異なるが，ほとんどは次のように示される。

$$p = .034$$

　これは，偶然だけで上記のような結果が生じる正確な確率である。

　　　　　　もっと知るには？　　質問80，88，100を参照。

質問 98

効果量とは何ですか？

　効果量は，2群がどの程度お互いに異なるかに関する指標である。しかし，より専門的に言えば，処置の効果の大きさに関する指標である。（第一種の過誤あるいは有意水準に基づく）統計的検定の結果とともに，その処置が機能したかどうかについて付加的な情報を提供する。

　効果量を算出する最も簡単な方法として，以下の公式が利用できる。この公式は，2つの平均値間の差の検定に関する効果量を算出するためのものである。式の構成要素を検討することによって，それがどのようなものかよく分かるだろう。

$$ES = \frac{\bar{X}_1 - \bar{X}_2}{s}$$

　式の中で，ESは効果量，$\bar{X}$はグループ1とグループ2の平均値，sはいずれかの群から得られた標準偏差である。

　群間の平均値の差が大きいほど，効果量は上昇する。いずれかの群内のばらつきが大きいほど，効果量は低下する。いずれも道理にかなっている。群間差が増加するほど，処置の効果は大きいと言えるだろう。そして，いずれかの群内のばらつきが増加するほど，群内の差が増加し，処置が大きな効果を持つ可能性は低くなるだろう。

　この数値が得られたら，どのように解釈すればよいだろうか。社会科学や行動科学の研究法に関する多くの事柄と同様に，多少の曖昧さと科学的特徴とが混ざっているが，出発点として以下の指針を利用できる。

- 0から.20の範囲であれば小さい効果量
- .20から.50の範囲であれば中程度の効果量
- .50以上は大きい効果量

　たとえば，効果量が.74であれば，2群はお互いにかなり違っており，重複が少ないことが分かる。同様に，小さな効果量，たとえば，.13からは，2群が非常に類似しており，重複が大きいことが分かる。有意水準とともに用いられることにより，効果量から2群間の差の重要性や有意味性を非常によく把握することができる。

　　　　　もっと知るには？　質問80，88，89を参照。

質問 99

統計的有意性と有意味性の違いは何ですか？

　統計的有意性は，特定の結果に割り当てられる確率であり，".05水準以下"（$p < .05$と表記）や".01水準以下"（$p < .01$と表記）として示される。また，$p = .238$や$p = .011$のように具体的な確率が結果に付記されることもある。

　統計的有意性は，非常に便利な概念であり，研究の中でかなり頻繁に用いられるが，実験結果の有用性を決めるための最も重要な基準としてしばしば誤って取り上げられる。

　それらがいかに有用なツールであるにせよ，あらゆる研究において実施される統計分析には非常に重要な側面が脱落している。すなわち，結果の有意味性の評価である。統計的有意性と有意味性との区別は，次の例でよく分かるだろう。

　40万ドルの費用をかけた大規模研究を想像してほしい。500名の発達遅滞の幼児が参加する早期の介入プログラムが後の社会的スキルに及ぼす効果を検討する研究である。ある群の幼児は処置を受け，別の群は処置を受けないという実験計画で，結果変数は社会的スキルの測度である。データ分析の結果，実際に研究に参加した子どもたちの社会的スキルは，処置を何も受けなかった子どもたちに比べてより高く，有意差が見られた。実験群の得点は100点満点中87.4点，統制群の得点は87.2点であった。

　この結果についてどのように解釈すべきだろうか。単なる統計的有意性の観点を越えて，それらをどう的確に評価すべきだろうか。差は統計的に有意ではあるが，0.2点の得点増加は40万ドルをかけた研究プログラムが正当化され得るほどの有意味な増加と言えるだろうか。そうかもしれないし，そうでないかもしれないが，統計的有意性だけでは結果を評価するのに不十分なのである。結果の文化的あるいは文脈的な価値 —— それが有意味性である —— も，同時に考慮されなければならない。

　　　　　もっと知るには？　質問8，88，92を参照。

質問 100

なぜ .01と .05という値が，通常，統計的有意性の慣習的な水準として用いられるのですか？

　これは，重要な問いであるが，明快には答えにくい質問である。しかし，ここで最後に学んでおくのがよいだろう。最初に，*American Psychologist* という雑誌に掲載されたヨーク大学のマイケル・コウルズとキャロライン・デイヴィスによる論文を基に，少しばかり歴史について述べる。

　第一種の過誤の確率を .05とする慣習的な考え方は，イギリスの統計家，R・A・フィッシャーの早期の研究にその始まりがあるという。彼は，2つ以上の平均値間の差を検討するための方法として，分散分析を作り出した。フィッシャーは，20回に1回（5%）という確率の結果が"有意"と見なされるのに十分と考えた。

　しかしながら，フィッシャーのコメントや説明よりも以前に，多くのことが生じていた。確率に関する数学の研究の多くが17世紀のフランスで始まった。そこでは，保険数理により，"心神喪失者"（精神障害者）の確率など，起こりうる結果に関わる確率が推測された。そこから，さらに多くの数学者たちが関与し，最終的には，偶然とは言えない生起確率を推定するために正規曲線が注目されるようになった。兵士の身長から他の身体的特性に至るまで，あらゆることについて検討がなされた。具体的には，先に見てきたように，結果が"正常"を越えるカットポイントを探すのである。

　その時以来使われるようになったのが，確率誤差と臨界比であった。フィッシャーやカール・ピアソンなどの後の統計家たちは，多くの人々が珍しい出来事だと考えるような確率の水準を定めようと試み，道を開き続けた。.05という値は確かに主観的であり，長期にわたる応用数学あるいは概念的な議論にはまったく基づいていない。しかしながらそれは，具体的な現実生活の結果を検討し，偶然によるものか，実験的処置のような結果を引き起こす要因によるものかという推測の大半に対応するカットポイントを定めようとしてきた多くの科学者の早期の研究に基づいている。今日実施されているほとんどの分析では第一種の過誤の正確な水準が明示されるため，$p < .05$ のようにエラーに幅を持たせる必要がないことを覚えておくとよい。

　　　もっと知るには？　質問8，88，89を参照。

訳者あとがき

「翻訳の仕事，してみませんか？」

こんなタイトルのメールを大学院の先輩である宮本聡介先生（明治学院大学）からいただいたことが本書の翻訳のきっかけでした。私に務まるのかどうか，多少の不安を感じつつも，思いがけずいただいた機会を有難く感じ，二つ返事でお引き受けしました。

お引き受けすることに決めたもう一つの理由は，初めて原書を見たときに，心理学を学ぶ学生にとっても教える側の教員にとっても有用な本だと感じたからです。大学の教員になってから10年ほど経ちますが，心理学の授業では，基礎実験であれ，卒業研究のゼミであれ，研究法について必ず触れます。そうした際に，学生から出てくるのは，「pって何？」「有意ってどういうこと？」など極めて率直な質問です。ところが，それに対して一言で答えるのは難しく，むしろ説明のために何時間もかけられるほど大きな問いであることがほとんどです。そして，どれほど大きな問いであっても，こちらが端的に説明しないと，学生は理解することを諦めてしまいがちです。的確で手短な答えでもって，とりあえずは「分かった」という気持ちを持てるようにすることが，興味を失わせずに次に進むためにとても大事であるように思います。しかし，最初に知る必要がある重要なことと，とりあえずは知らなくても差し支えないこととを取捨選択して情報提供することはなかなか難しいものです。教員としてこうした悩みを抱えていた私にとって，研究法に関する率直な質問に簡潔かつ的確に答える一問一答形式で構成された原書は非常に魅力的でした。実際に，翻訳作業を通して，授業でどのように説明するか，学生から出てきた質問にどう答えるか，大きな指針を得たように感じています。

とは言え，翻訳にあたっては，定訳がはっきりしない用語や，自分の理解と若干異なっている箇所では，どれだけ調べても迷いがつきず，自分の知識の不十分さを反省しきりでした。それでも，原書の著者の狙い通り，心理学の初学者をはじめ，これから研究法について学ぼうとする方にとって本書が役立つように，知っている人にしか分からない表現にならないよう心がけて翻訳に取り組みました。そのため，研究法について既に多くの知識がある方には，表現がくどすぎたり，逆に平易すぎたりする可能性もありますが，本書が研究法の基礎を学ぶ一助となることを願っています。また，上述のような私と同じ教える悩みを抱えている教員の方にも，是非本書を手にとっていただければ，と思います。

本書は，Neil J. Salkind (2012) *100 questions (and answers) about research methods*, SAGE. の全訳です。研究法に関する 100 個の質問とその回答が，類似した内容ごとに 9 章に分けてまとめられています。それぞれの質問は独立していますので，調べたい事柄や分からない用語を索引から探していただければ，必要なことをすぐに知るための参考書のようにも使えます。章ごとに，あるいは，各質問の末尾に記された関連する他の質問番号を頼りに摘読していただければ，とくに知りたい内容を重点的に勉強できます。もちろん研究法を体系的に学ぶために最初から読み進めるのもよいでしょう。さまざまなかたちで，本書をお使いいただければ幸いです。

　最後になりましたが，翻訳の機会をくださった宮本聡介先生に改めてお礼を申し上げます。また，翻訳の開始から本書出版に至るまで，多くのお力添えをくださいました新曜社の塩浦暲さんと，校正に際し大変お世話になりました同社の大谷裕子さんに，心より感謝いたします。

2017年4月

畑中美穂

索　引

▶ A - Z

Buros Center for Testing　92, 115
df　134, 146
Facebook　17
Google　15, 16, 28
　── Books　16
　── Scholar　16
high-stakesテスト　100
LinkedIn　17
method error（方法の誤差）　95
p 値　134
SPSS　136
The Nineteenth Mental Measurements Yearbook　92
trait error（特性の誤差）　95
Twitter　17
T 得点　88, 89
z 得点　88

▶ あ行

アセント用紙　33, 34
アリストテレス　4
アルファ（a）　→第一種の過誤
一元配置分散分析　139
一次資料　20, 21, 24, 25, 27, 28
一要因計画　54
一般化可能性　63, 70, 72, 120, 128, 129
因果関係　8, 51, 59, 118, 122
因子分析　138, 139
インターネット上の情報源　16, 115
インフォームド・コンセント　30, 31, 33
引用文献　13, 16, 25
エスノグラフィー研究　10
応用研究　9

▶ か行

回帰分析　139, 140
外的妥当性　128, 129
科学的方法　4, 11, 12, 40, 50, 59, 144
学力検査　100, 106, 109, 111
仮説　11-13, 20-23, 25, 38, 46-51, 68, 72, 129, 138, 145

帰無──　11, 46-48, 132-134, 137, 144, 146
研究──　12, 13, 25, 46-50, 118, 132, 133, 136, 137, 145
　方向性のある研究──　47, 145
　方向性のない研究──　47, 145
　対立──　48, 144, 146
観測得点　95
記述統計　74, 77, 80, 86, 94
記述モデル　5-7, 51
基準関連妥当性　98, 99, 102
基礎研究　9
キャンベル, D.　127, 128
教育評価　106
クォータ法（割当抽出法）　65
クラスター抽出法（集落抽出法）　65
グレイサー, R.　100
決定係数　123, 124
研究参加者の権利　31, 35
研究代表者　37
研究法　4, 7, 40, 50, 117, 143
研究モデル　5, 7, 50, 51, 59
研究倫理委員会　30, 31, 37, 38
研究論文　3, 15, 127
検索エンジン　28
検索語　28
検定：
　F──　139
　t──　135, 136, 139, 145
　Z──　87, 139
　カイ二乗──　142
　片側──　145
　──力　137
　統計的──　48, 81, 138, 139, 145-147
　ノンパラメトリック──　142, 143
　パラメトリック──　142
　フィッシャーの正確確率──　142
　符号──　142
　フリードマンの──　142
　マクニマー──　142
　マンホイットニーの U ──　142
　両側──　145

効果量　147
構成概念妥当性　98, 101, 102
項目分析　109
コウルズ, M.　149
誤差得点　95
子ども　2, 4, 6, 12, 14, 30, 33-35, 37, 38, 40,
　49, 69, 70, 93, 100, 121, 122, 125, 148
困難度　109, 110, 112
コンピューター適応型テスト　112
コンピューター・プログラム　10, 112, 136

▶さ行

再検査信頼性　96, 97
最頻値　74-76, 81, 83, 84
雑誌　3, 13-15, 22, 24, 92, 105, 138, 149
査読　14, 15
散布度　74, 77, 86, 124
識別力　109, 110
事後テストのみの統制群計画　118
実験計画　54, 118, 120, 125, 127, 128, 137, 148
実験研究　53, 59
実験モデル　5, 6, 8, 11, 51
質的研究　10
質的モデル　5, 6, 50, 51
至適基準　50
史的モデル　5-7, 51
ジャーナル　→雑誌
尺度：
　間隔——　76, 93, 107, 142
　サーストン——　107, 108
　順序——　76, 93, 142
　比率——　76, 93, 94, 142
　名義——　76, 93, 94, 142
　リッカート——　107, 108
重回帰分析　140
集団基準準拠テスト　100
自由度　134-136, 145, 146
集落抽出法（クラスター抽出法）　65
守秘義務　30, 31
準実験　5, 6, 53, 118, 120, 125
状況効果　128
情報源　3, 10, 16, 17, 21, 22, 24, 25, 27, 28, 115
　一般的な——　3, 24, 25, 27
　インターネット上の——　16, 115
職業適性検査　102, 106

事例研究　10, 120
　単一——　118, 120
審査申請書　37, 38
真の実験　118, 120
　——計画　118, 120, 125
真の得点　95, 96, 112
信頼性　14, 46, 56, 92, 95-98, 103-105, 112,
　113
　——係数　97
推測統計　62, 63, 77, 80, 82, 87, 142, 145
正規曲線　78, 80-83, 149
正の相関　121, 122
正の歪みをもつ得点分布　83
層化無作為抽出法　65, 67
相関係数　121-123
相関研究　121
相関モデル　5-8, 51
ソーシャル・メディア　6, 17
測度　14, 46, 50, 56, 76, 92, 95, 103, 113, 148

▶た行

第一種の過誤　133-137, 146, 147, 149
態度測定　107
第二種の過誤　133, 137
代表値　74-76
代理人による同意　33
タスキギー梅毒研究　35
妥当性　14, 46, 56, 92, 97-99, 101-105, 112,
　113, 127-129
多特性・多方法　101, 102
だまし（ディセプション）　30, 37
単純無作為抽出法　65
知能検査　96, 106
中央値　74-76, 81, 83, 93, 142
中心極限定理　82
デイヴィス, C.　149
ディセプション　→だまし
適応型テスト　112
適性検査　102, 106
デブリーフィング　30, 37, 38
電子資料　27, 28
統計的有意性　132, 144, 148, 149
統計プログラム　136
同時的妥当性　98, 99, 102
統制群　4, 11, 59, 63, 66, 118-120, 127, 128,

148
動物実験　31
特性の誤差　95
得点分布　75, 77, 79-83, 87-89, 111
図書館　3, 16, 24, 25, 27, 28, 42, 44, 92
度数分布　85

▶な行

内的整合性信頼性　96, 97
内的妥当性　127-129
内容準拠テスト　100
内容的妥当性　98, 102
二元配置分散分析　139, 142
二次資料　20-22, 24, 25, 27, 28
二要因計画　55
能力検査　106

▶は行

パーセンタイル　111
　──順位　111
パーソナリティ検査　106
外れ値　68
バルトロメ, W. G.　33
ピア・レビュー　→査読
非実験モデル　5, 6
標準得点　87-89, 111
標準偏差　64, 77-79, 84, 87-89, 147
評定者間信頼性　96, 97
標本　13, 47, 48, 59, 62-69, 71, 72, 77, 82, 87-89, 97, 98, 100, 133, 136, 137, 140, 142-145
　──誤差　62, 64, 71
　──サイズ　64, 69, 71, 72, 82
　──抽出　59, 62-66
　──の大きさ　69, 71, 72, 137, 145
フィスク, D.　127
フィッシャー, R. A.　149
フェア・テスト・ムーブメント　113
負の相関　12, 121
負の歪みをもつ得点分布　83
文献レビュー　20-25, 44, 68
分散　66, 77, 123, 124, 142, 149

平均値　46, 47, 64, 74-84, 86-89, 93, 136, 139, 145-147, 149
平行　検査信頼性　96, 97
ベータ（β）　→第二種の過誤
ベルカーブ　→正規曲線
便宜的抽出法　65
編集委員会　15
変数　5, 8, 12, 13, 42, 46-51, 53, 64, 65, 68, 76, 92-94, 98, 101, 105, 121-127, 139-141, 148
　従属──　53, 54, 56-58, 92, 120, 125, 127, 129, 140
　調整──　53
　独立──　53, 54, 56-58, 125-129, 140
方法の誤差　95
母集団　33, 47, 48, 59, 62-69, 71, 72, 77, 82, 116, 118, 133, 137, 143, 144
　特別な──　30, 33

▶ま行

ミルグラム, S.　36
無作為抽出（法）　65-67
目標基準準拠テスト　100

▶や行

有意確率　136
有意水準　48, 132-137, 144-147
有意味性　147, 148
予測的妥当性　98, 99, 102
予備実験　118, 120

▶ら行

利益相反　30, 38
リサーチクエスチョン　7, 10, 20-22, 24, 25, 42, 49-51, 65, 68, 69, 72, 92, 118, 129, 138
倫理　30, 33, 35, 125
レズニック, D.　35
レンジ（範囲）　77

▶わ行

歪度　84, 87
割当抽出法（クォータ法）　65

著者紹介
ニール・J・サルキンド（Neil J. Salkind）
カンザス大学（University of Kansas）の名誉教授であり，同大学の教育心理学科において35年以上教鞭を執っている。彼の関心は，統計や研究法について役立つ内容を平易に執筆することにある。彼は，*Statistics for People Who (Think They) Hate Statics*（統計を嫌いだと思っている人のための統計学）や，*Statistics for People Who (Think They) Hate Statics (the Excel Edition)*（統計を嫌いだと思っている人のための統計学　エクセル版），*Excel Statistics: a Quick Guide*（エクセルによる統計 ── 簡易ガイド）の他　最近編纂された *Encyclopedia of Research Design*（研究デザインの百科事典）の著者でもある。

訳者紹介
畑中美穂（はたなか　みほ）
筑波大学大学院博士課程心理学研究科修了。博士（心理学）。現在，名城大学人間学部准教授。専門は，社会心理学。主な研究テーマは，コミュニケーションと適応との関連，惨事ストレス。
著書に，『保健と健康の心理学』（ナカニシヤ出版），『質問紙調査と心理測定尺度』（サイエンス社），『図説社会心理学入門』（誠信書房），『対人関係と適応の心理学』（北大路書房），『惨事ストレスへのケア』（おうふう）などがある（いずれも分担執筆）。

いまさら聞けない疑問に答える
心理学研究法のキホンQ&A 100

初版第1刷発行　2017年5月25日

　　　著　者　ニール・J・サルキンド
　　　訳　者　畑中美穂
　　　発行者　塩浦　暲
　　　発行所　株式会社　新曜社
　　　　　　　101-0051　東京都千代田区神田神保町3-9
　　　　　　　電話（03）3264-4973（代）・FAX（03）3239-2958
　　　　　　　e-mail：info@shin-yo-sha.co.jp
　　　　　　　URL：http://www.shin-yo-sha.co.jp/
　　　組　版　Katzen House
　　　印　刷　新日本印刷
　　　製　本　イマヰ製本所

　　　ⓒ Neil J. Salkind, Miho Hatanaka 2017　Printed in Japan
　　　ISBN978-4-7885-1524-6　C1011